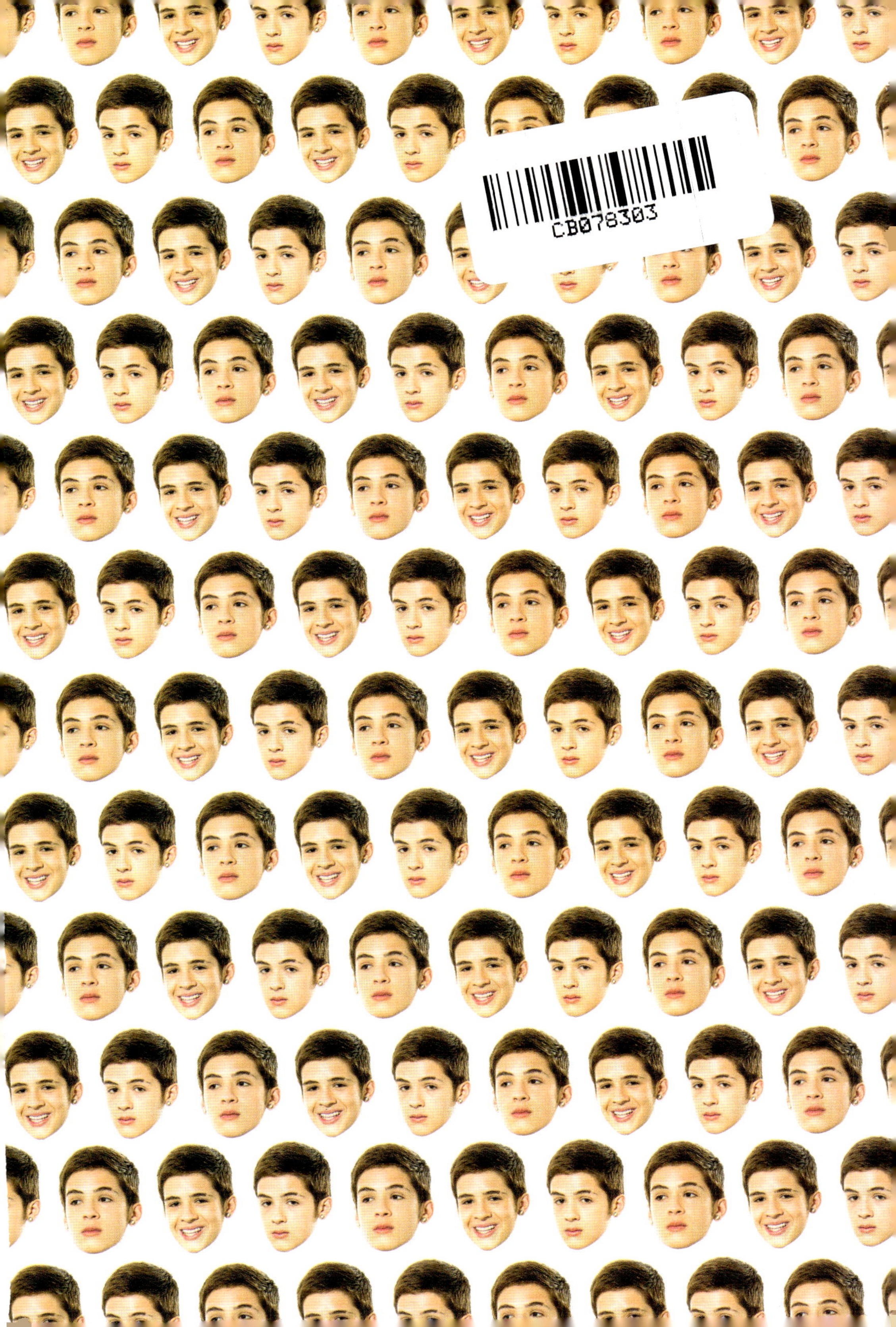

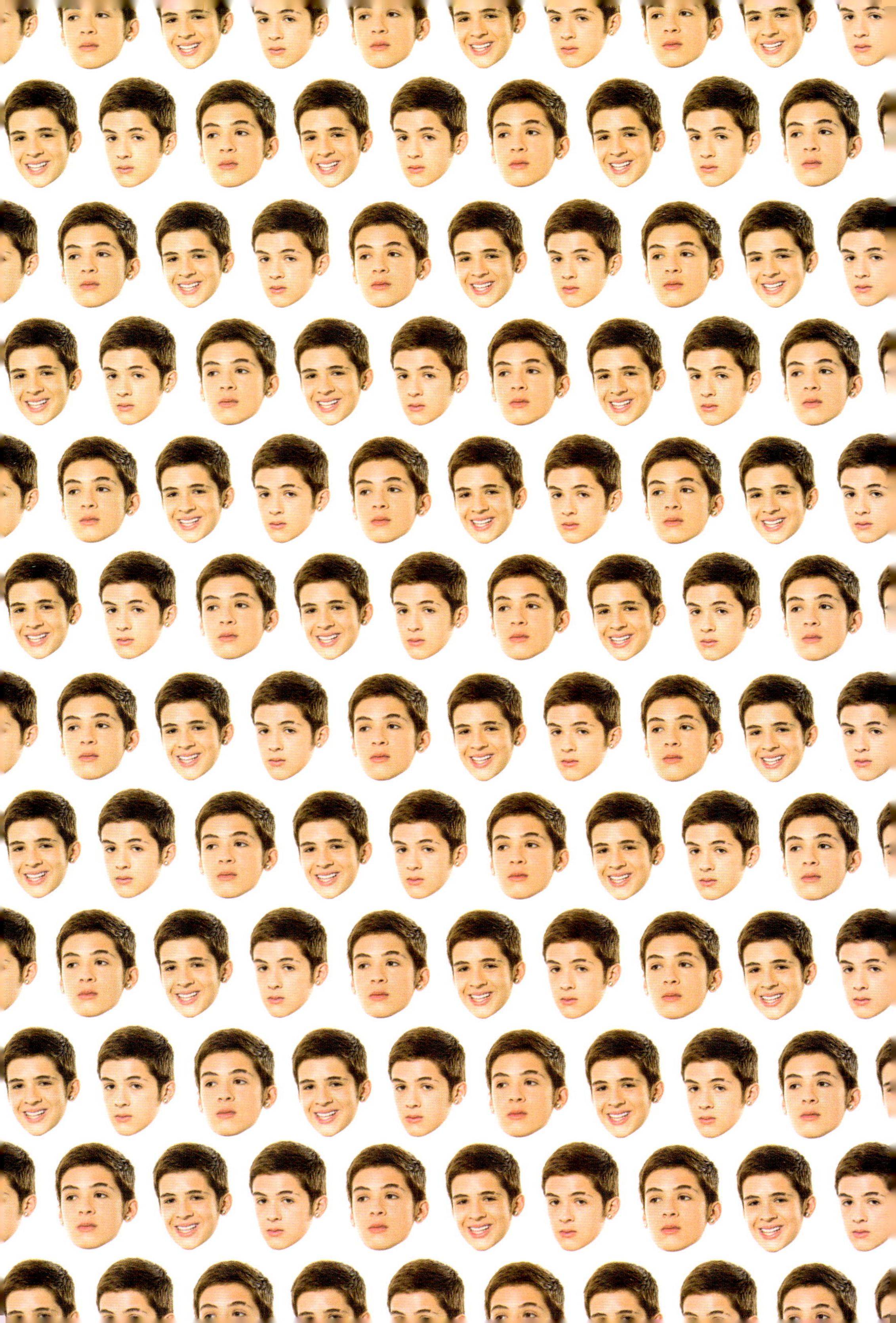

JOÃO GUILHERME

JOÃO GUILHERME

-na estrada-

Os segredos da turnê, os bastidores das canções e tudo o que você sempre quis saber

OUTRO Planeta

Nunca deixe de sonhar.
Nem deixe de acreditar.

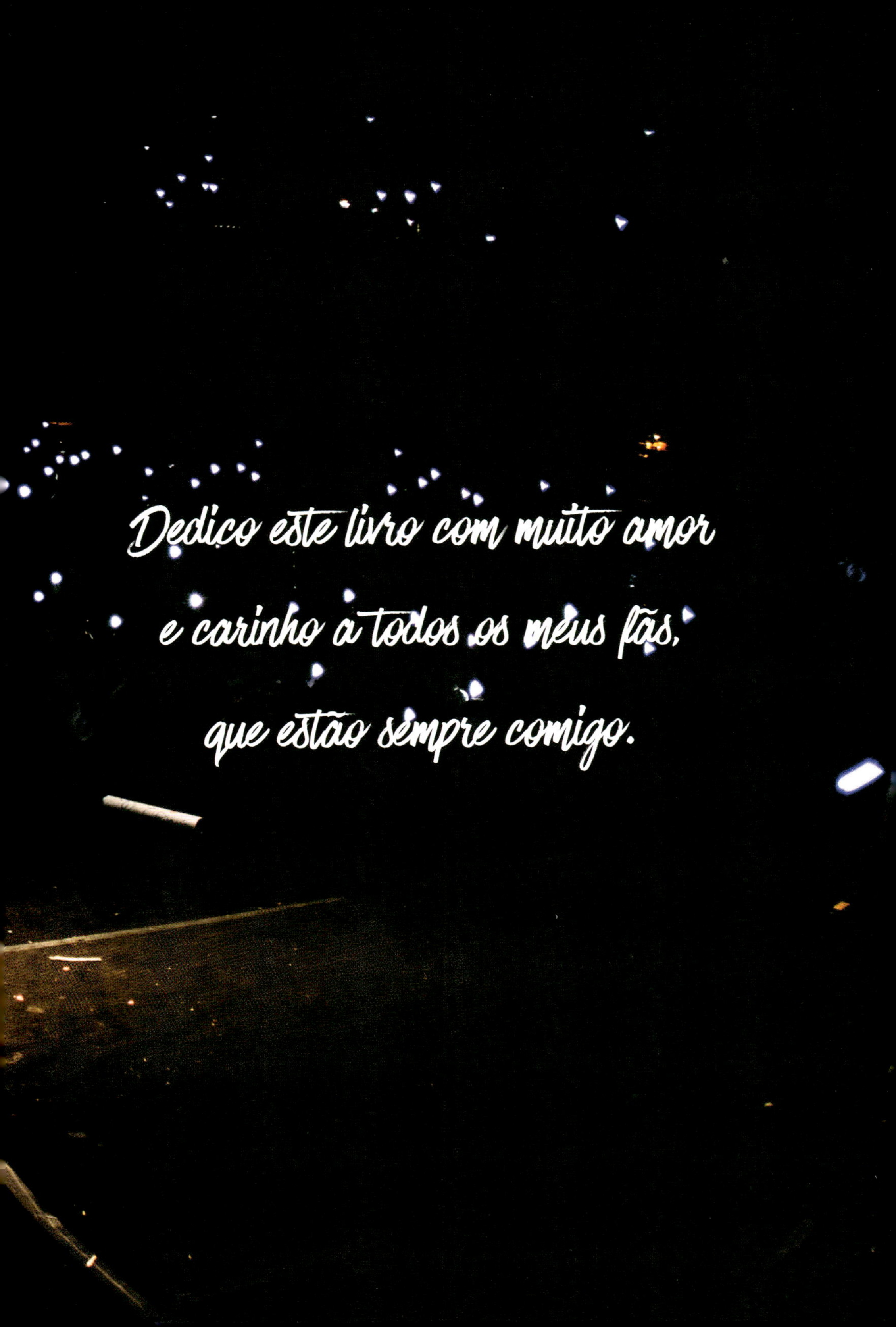

Dedico este livro com muito amor
e carinho a todos os meus fãs,
que estão sempre comigo.

SUMÁRIO

Eu nasci
PARA CANTAR?

A música sempre fez parte da minha vida. Desde cedo gostava de cantar e escutar canções, como qualquer criança. Cantava no chuveiro ou quando estava de bobeira. Naquela época, tão pequeninho, não pensava em ser um cantor. Não era um sonho de criança, mas de repente tudo mudou...

Comecei a gostar muito de música a partir dos 8, 9 anos, quando passei a frequentar mais a fazenda do meu pai, porque lá todos os meus irmãos cantavam, então eu também aproveitava pra soltar a voz. Mas sempre ficava a pergunta: **COMO VOCÊ SABE QUE CANTA BEM?** Se ninguém te dá esse retorno, você fica meio perdido.

Sempre estive muito perto desse mundo artístico, principalmente por causa do meu tio PeLu, que fez parte da Restart. E eu acompanhei tudo do início, mesmo antes de ele fazer sucesso, quando ainda era só um integrante de uma banda de colégio. Eu gostava muito de ouvir o meu tio ensaiar com a banda na garagem da casa da vovó, mas nunca soltava a voz. Sempre que eles faziam show em São Paulo, eu ia. Adorava a **RESTART!**

Eu me lembro que viajava muito pra praia com a minha avó Tereza e o meu primo Arthur. Era muito gostoso porque minha vó dirige muito devagar. Uma viagem, por exemplo, de duas horas, com ela durava três horas e meia. Tanto eu quanto ele gostávamos muito da Restart. E eu e meu primo íamos a viagem inteira escutando e cantando todos os CDs da banda, principalmente o GERAÇÃO Z, que era o que eu mais gostava. Terminava um CD, a gente colocava outro. E, às vezes, a gente repetia uma mesma música quatro, cinco vezes seguidas. Não sei nem como não enjoei, porque escutei tanto! Se eu parar pra pensar, entre a ida e a volta da viagem, devia escutar quase umas sete horas de Restart, e cantava tudo! É tão bom quando a gente gosta de um artista, né?

Talvez tenha sido aí que a ficha caiu. Porque não acho que eu tenha nascido com essa pulsão de cantar, mas vendo o meu tio e os outros integrantes da banda, comecei a gostar cada vez mais de música, a praticar e a me aprimorar. Foi a minha grande influência artística, muito mais que meu pai, que, para quem não sabe, é o cantor Leonardo. Isso porque eles dialogavam comigo, com a minha geração, já que faziam música para um público jovem. Todos os meus amigos eram fãs do meu tio! E ter feito parte dessa trajetória dele, mesmo que por tabela, mexeu muito comigo. Ver a comoção dos milhares de fãs, acompanhando quando podia os shows lotados e os eventos, fez com que algo nascesse em mim.

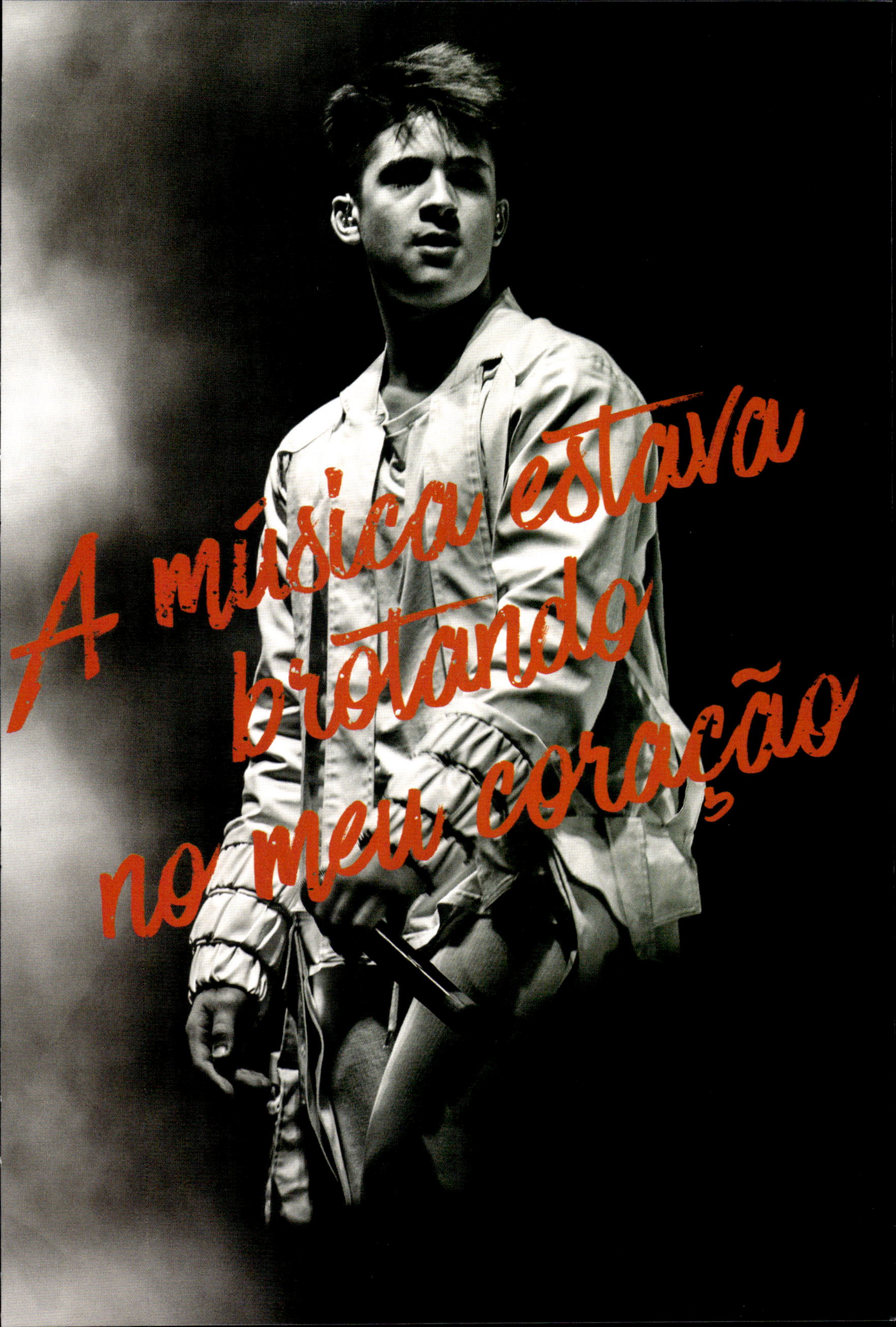
A música estava
brotando
no meu coração

Megatour: O MEU DESTINO É SER STAR

Na época de **CÚMPLICES DE UM RESGATE** eu já tinha noção de que cantava certinho. Não me achava um supertalento, mas comecei a perceber que entendia de afinação, de alcançar as notas certas... Já no teste notei essa tendência porque tive que cantar pra conseguir o papel. Imagina só! E foi supertranquilo... me preparei sozinho, respirei fundo e fui. E todo o processo da novela exigiu que eu fosse deixando aflorar esse meu lado porque era uma novela muito musical, com muitos personagens fazendo parte de bandas, e tudo girava em torno da música.

Comecei a perceber que a música poderia ser uma nova porta aberta na minha carreira bem no início da novela, logo quando gravei a abertura, que ficou superlegal. Vocês se lembram da música? Sabem cantar?

A partir daí comecei a gostar mesmo. E em agosto de 2015 passei a me apresentar nos pocket shows e fiz um ano de apresentações pelo Brasil todo. Foi nesse período que, aos poucos, comecei a me sentir cantor, em cima do palco, cantando as músicas que foram compostas para mim! Foi ali que eu botei fé, acreditei, pensei: **EU POSSO E CONSIGO FAZER ISSO!**

E hoje percebo que existe um reconhecimento do público e de amigos próximos que chegam até mim e falam: *que legal aquela sua música* ou *você tá cantando muito bem*. Mas acredito que as coisas vêm no tempo certo. Desde que pisei num palco como cantor pela primeira vez, num show em Fortaleza para um evento do SBT, passando pelos pockets e pelas gravações de músicas, tudo foi muito gostoso. Curtir cada momento e fazer o que gosto foi muito importante em todas as etapas.

Quando penso na minha trajetória, desde a primeira apresentação num palco, em que eu ainda carregava uma certa insegurança e não tinha nenhuma música gravada, a não ser a do repertório da novela... Nossa! **FOI MUITA TENSÃO!** A primeira vez que cantei ao vivo pra uma plateia gigantesca... naquela troca de energia com a galera gritando, cantando... eu estava muito nervoso, nem sabia o que fazer, indeciso com relação à minha própria vocação como cantor, à minha postura, à minha desenvoltura, se eu sabia ou não animar a galera, com receio de a plateia ficar desaminada ou desaprovar minha performance.

E hoje, quando penso no último show da Megatour, vejo que conquistei um espaço muito precioso. Eu canto catorze músicas – músicas minhas, músicas da novela, músicas em inglês! E tenho uma banda! Além disso, a minha relação com os fãs foi uma coisa que me deu cada vez mais força. Hoje, quando subo no palco, não fico com receio de eles não gostarem, porque aquelas pessoas estão ali para me ver e nós temos uma ligação muito forte. **VOCÊS TAMBÉM SENTEM ISSO?**

Se alguma coisa der errado, ou sair do planejado, a gente se entende... eu improviso, paro a música e converso com eles numa boa e eles vão me entender. Eu não fico sem jeito se algo sai diferente do ensaiado, se um instrumento pifa ou para de tocar. Eu peço desculpas, corrijo o que tiver que corrigir e sigo em frente.

Se eu voltasse para o palco de Fortaleza onde fiz minha primeira apresentação como cantor, tenho certeza de que seria bem mais legal. Espero que daqui a cinco, dez anos eu ainda esteja cantando, fazendo a quarta, ou quinta turnê, lançando outros CDs. Quero continuar sempre cantando, fazendo shows, crescendo com o meu público, com mais músicas, com mais projetos, com mais composições.

Eu sei, falaram
pra ir devagar,
mas eu não
controlo o
coração.

Princesa

Eu sei, falaram pra ir devagar
Mas eu não controlo o coração
Era melhor então deixar pra lá
Nem continuar essa canção

Se eu sou muito novo pra me apaixonar
Já não me importa
Pois eu vou falar

Você quer ser minha princesa?
E fugir comigo pra qualquer lugar
Se só o que me importa agora
É te amar

Você quer ser minha princesa?
E fugir comigo pra qualquer lugar
Se só o que me importa agora
É te amar

Eu sei, falaram pra ir devagar
Mas eu não controlo o coração
Era melhor então deixar pra lá
Nem continuar essa canção

Se eu sou muito novo pra me apaixonar
Já não me importa
Pois eu vou falar

Você quer ser minha princesa?
E fugir comigo pra qualquer lugar
Se só o que me importa agora
É te amar (4x)

Você quer ser minha princesa?
E fugir comigo pra qualquer lugar
Se só o que me importa agora
É te amar
Você quer ser minha princesa?
E fugir comigo pra qualquer lugar
Se só o que me importa agora
É te amar

Você quer ser minha princesa?
E fugir comigo pra qualquer lugar
Se só o que me importa agora
É te amar

Composição de PeLu e Renato Freixeda

Certa pra mim

Ela torna meu mundo melhor
Quando vem e quer estar aqui
Ela passa e me deixa encantado
Me beija e me faz sorrir

Ela torna meu mundo melhor
Quando vem e quer estar aqui
Ela passa e me deixa encantado
Me beija e me faz sorrir

Mesmo sabendo que você não vai estar aqui
Me vê de longe
Já me ganha quando olha assim
Te mando beijos, finge estar nem aí

Mas logo de manhã sua foto no Instagram
Com a legenda da minha música, já é minha fã
Me olha torto mas no fundo sei
Que me quer bem aqui

Você não sabe como você me acerta
Você não sabe como é certa pra mim

Composição de Brian Cohen

Uma partida de futebol

COMO FUNCIONA A ROTINA DA TURNÊ

A Megatour começou em agosto de 2016 e terminou em janeiro de 2017. Às vezes eram finais de semana seguidos. Às vezes um sim, outro não. Como as gravações da novela *Cúmplices de um resgate* tinham acabado em agosto, os shows foram agendados para os sábados e domingos. Com a novela isso era impossível, já que eu gravava no sábado.

Quando tinha que viajar nos finais de semana, eu não saía à noite na sexta e dormia cedo, porque no sábado acordava às 5h ou 6h da manhã. A minha vó vinha para minha casa no sábado pela manhã e nós íamos juntos para o aeroporto. Por volta das 10h ou 11h a gente já estava na cidade onde iria acontecer o show.

Assim que eu e a minha equipe chegávamos à cidade, íamos direto para o hotel deixar as coisas e descansar durante uma hora e meia, duas horas. Depois a gente já saía para o teatro onde o show ia acontecer para passar o som de três músicas: "Só dela", "Tudo é você" e "Tudo bem". Depois a gente voltava para o hotel, mas antes passava num lugar para comer, uma churrascaria de preferência, porque eu adoro churrasco, principalmente os feitos no Sul do Brasil, que são muito bons. Eu gosto de comer peixe no Nordeste e churrasco no Sul (coisa boa poder viajar e comer em várias partes do país).

Após o jantar a gente voltava para o hotel. Era o tempo de ficar mais umas duas horinhas e ir para o show. Às vezes os shows de sábado e domingo eram em cidades diferentes. Então, logo depois do *Meet and greet*, encontro que faço com os fãs, nós já íamos para o aeroporto. E a rotina se repetia no dia seguinte. Geralmente como os voos eram de madrugada a gente chegava cedinho na cidade, deixava as coisas no hotel, ia para o teatro passar o som, voltava para almoçar, fazia o show, o *Meet and greet* e pegava o voo de volta para São Paulo. Essa foi a minha rotina clássica durante a turnê.

É uma rotina agitada, já que não é a rotina normal de um garoto de 15 anos que vai ao shopping com os amigos no fim de semana. Mas é sempre muito divertida e não se torna cansativa. Eu costumo comparar a minha rotina com uma partida de futebol. Quando você tá jogando bola, sente calor, corre pra cá, corre pra lá, e quando vai ver você já correu umas cinco vezes o campo inteiro e já deu quase 1 km correndo pra lá e pra cá e não percebe que tá cansado e com calor porque tá na emoção.

Preparando a mala:
O QUE NÃO PODE FALTAR?

1. Perfume

2. Bonés

3. Doces

4. Câmera fotográfica

5. Smartphone

A mesma coisa acontece com a rotina dos shows. Fazer as malas, embarcar num aeroporto, desembarcar em outro, ir para o hotel, passar o som, fazer o show e já ter que viajar de novo. É tudo muito rápido! Eu canso na hora, mas nem percebo. Só vou perceber no final da noite, depois do show, quando chego ao hotel. É uma rotina cansativa. Acho que aeroporto cansa muito. Ter que esperar, carregar bagagens... Mas na hora não sinto, principalmente quando tem a recepção da galera.

É muito gostoso receber os fãs no aeroporto porque é meio que um termômetro de como vai ser o show naquela cidade. O pessoal já indica que a concentração na porta do show vai ser grande e vai rolar aquela energia, que vai estar animado e ter bastante gente presente. É muito gratificante ver que a pessoa saiu da sua casa para ir até o aeroporto te esperar. Ainda mais que não divulgo o horário de voo porque, muitas vezes, não sei mesmo. E as pessoas vão na sorte, esperam, até dormem no aeroporto. É muito bom quando vejo que tem fãs no aeroporto, e eu sempre retribuo o carinho. **SEMPRE!**

É gostoso demais ver essas pessoas, ir conversar com elas. E tem fãs que estão ali há um tempão esperando. Não me custa nada ir até lá e tirar uma foto. É uma alegria pra mim.

Por dentro da MEGATOUR JG

A carreira na música é muito diferente da carreira na TV. Na TV eu nunca estou sozinho, já que estou sempre cercado de uma grande equipe e contracenando com outros atores. Existem muitas pessoas à minha volta, me ajudando. Posso errar. E se eu errar, se esquecer alguma fala, ou se achar que não ficou legal, eu peço pra fazer de novo. Ou o diretor mesmo me corrige.

No palco, sou o centro das atenções o tempo inteiro. O show é meu e não tem outras pessoas no palco para dividir os olhares da plateia. As pessoas estão ali para me ver, não para ver uma novela, ou ver outros atores. Estão ali pelo meu show. Por mais que exista um roteiro e eu saiba o que fazer, se errar não dá para voltar. Então, não tem muito espaço para o erro ou para mudar alguma coisa que eu tenha dito.

Uma coisa que acontece muito... quando canto bastante uma música, já sei ela de cabeça, como quando você está no carro cantando uma música e se distrai, sabe? Você esquece que tá cantando e continua a letra numa boa e nem percebe, porque é uma coisa automática, você já sabe a letra e a melodia, já gosta da música. Isso acontece muitas vezes no show. Às vezes começo a cantar uma música e me distraio porque é muita informação. Eu tô cantando e me desconcentro... pode acontecer! Olho para alguma coisa e começo a viajar na maionese. Continuo cantando, só que dentro da cabeça estou em outro lugar, e quando volto é que é o problema porque eu não estou mais viajando e volto para o automático. Aí começo a prestar atenção no que eu tô fazendo e penso: *eu tava no início e agora já tô no final!* Nunca cheguei a errar a letra ou a falar qualquer besteira, mas às vezes dá um branco, então jogo pra plateia e grito "E aê, galera!" (por dentro: "Me ajudem! Haha").

Com relação à atuação não tem como você viajar no meio da cena, você tem que se concentrar em todos os momentos, não fica automático porque a cada vez é diferente. No palco, às vezes eu dou uma viajada, ainda mais quando tem alguém na plateia fazendo alguma coisa que me chama a atenção.

No show canto catorze músicas, quatro a mais do que tem no CD. São elas: "Love yourself", do Justin Bieber, e três músicas da novela porque tem muita gente ali que gosta da novela e me conhece de lá. Canto "Cúmplices de um resgate", "Fugir agora" e "Juntos". São as minhas músicas preferidas da novela, que têm mais a ver com o meu personagem, Joaquim. Eu e o Renato, com o violão, nos sentamos para fazer essa parte do show.

"Meu caminho" é a primeira música do show e é também o nome do meu CD. Antes de eu começar a cantar tem um vídeo de introdução lindo que foi gravado de maneira bem despretensiosa... foi engraçado como a gente gravou... a gente gravou em casa, colocou um fundo preto e fez um monte de coisas aleatórias, e o vídeo ficou bem legal.

Meu caminho

Ninguém me disse que seria fácil
E nem que chegaria até aqui
Mas cada vez que eu dou um outro passo
Fico mais forte pra não desistir

Toda vez que eu acordar
Outra chance de voar

Nunca deixo de sonhar
Nem deixei de acreditar
Meu caminho eu quem vou seguir
O meu dia vai chegar
Não deixei de acreditar
Meu caminho começa aqui

Ninguém me disse que seria fácil
E nem que chegaria até aqui
Mas cada vez que eu dou um outro passo
Fico mais forte pra não desistir

Toda vez que eu acordar
Outra chance de voar

Nunca deixo de sonhar
Nem deixei de acreditar
Meu caminho eu quem vou seguir
O meu dia vai chegar
Não deixei de acreditar
Meu caminho começa aqui

Toda vez que eu acordar
Outra chance de voar
Toda vez que eu acordar
Outra chance de voar

Nunca deixo de sonhar
Nem deixei de acreditar
Meu caminho eu quem vou seguir
O meu dia vai chegar
Não deixei de acreditar
Meu caminho começa aqui

Composição de PeLu e Renato Freixeda

"Ninguém me disse que seria fácil
E nem que chegaria até aqui
Mas cada vez que eu dou um outro passo
Fico mais forte pra não desistir."

REPLAY

Como é a primeira música, já chego bem animado no palco, que é um quadrado com as letras J e G e um tablado, onde subo e começo a cantar. Essa música é muito marcante, e eu começo bem concentrado porque se tem uma coisa que carrego comigo é pensar que, se você começa o show com o pé direito, todo o resto flui. **SE VOCÊ COMEÇA BEM, ACABA BEM**. Gosto de começar com a energia lá em cima.

A segunda música do show é "Blá, blá, blá". É uma música bem animada e a cada vez está melhor no show. Ela é muito gostosa, dinâmica, muito fácil de ser cantada, e a letra é muito confortável. É uma música em que eu viajo muito, jogo pra plateia, que gosta bastante de cantá-la junto. E eu adoro essa música no instrumental, ela fica bem bonita. É nessa música que paro pra conversar com o público, já que entro no show direto cantando. Não falo com a galera logo no início. Eu entro, canto "Meu caminho" e pego o embalo, porque quando acabo de cantar essa música já entra a bateria. Então a primeira pausa vem depois de "Blá, blá, blá". Neste momento dou boa-noite para o público e as boas-vindas à Megatour JG, que é um sinal para o Renato, meu guitarrista, já voltar com tudo com a guitarra.

Blá, blá, blá

O que eu quero é chegar na festa
E poder te chamar pra dançar
Essa noite é o que me resta

Pra acabar com esse blá, blá, blá

E sem você me olhar eu já sei
Vem que eu te quero também
Vem que eu te quero também

(Hey)
Quando ela chegou
(Hey)
Todo mundo parou
(Hey)
E o meu mundo parou também
(Hey)
A noite só começou
(Hey)
Dá uma chance pro amor
(Hey)
Eu sei que você me quer também

Eu te chamei e você chegou mais perto
Então agora é só deixar rolar
Falta muito pouco pra dar certo
Eu vou parar com esse blá, blá, blá

E sem você me olhar eu já sei
Vem que eu te quero também
Vem que eu te quero também

(Hey)
Quando ela chegou
(Hey)
Todo mundo parou
(Hey)
E o meu mundo parou também
(Hey)
A noite só começou
(Hey)
Dá uma chance pro amor
(Hey)
Eu sei que você me quer também
Sem você me olhar eu já sei
Vem que eu te quero também
Vem que eu te quero também

Quando ela chegou
(Hey)
Todo mundo parou
(Hey)
E o meu mundo parou também
(Hey)
A noite só começou
(Hey)
Dá uma chance pro amor
(Hey)
Eu sei que você me quer também

Composição de PeLu e Renato Freixeda

Na sequência vem "Tudo é você", que é a terceira música e uma das que os fãs mais gostam. A música é muito gostosa! Não tem quem não cante "Tudo é você". Até os pais cantam junto! Eu começo a música dizendo o seguinte: *Eu vou cantar um pedaço de uma música e quero ver se vocês conhecem... quem conhecer, pode continuar pra mim?* Daí eu começo: *Faz tanto tempo...* Aí o pessoal começa a cantar junto e o baterista começa a contar: *um, dois e um, dois, três e...* aí o coro da plateia invade a música e quanto mais a plateia canta mais gostoso fica. E assim eu canto metade da música e a plateia canta a outra metade. Foi uma das minhas primeiras músicas de trabalho, sempre cantava ela nos programas em que eu ia.

Tudo é você

Faz tanto tempo
Que eu gosto de você
E já gastei todo o meu tempo
Tentando te dizer
Que tudo é você
Que tudo é você

Quando eu acordo de manhã
Só penso em você
Olhando as fotos no Instagram
Só vejo você
E até no meu futebol
E quando chega o pôr do sol

Faz tanto tempo que eu gosto de você
E já gastei todo o meu tempo
Tentando te dizer
Que faz tanto tempo
Que eu gosto de você
E já gastei todo o meu tempo
Tentando te dizer
Que tudo é você
Que tudo é você
Se fecho os olhos pra dormir
Só penso em você
Me dá vontade de sair
Encontrar você
Eu já nem sei o que fazer
Se até mesmo na TV

Faz tanto tempo
Que eu gosto de você
E já gastei todo o meu tempo
Tentando te dizer
Que faz tanto tempo
Que eu gosto de você
E já gastei todo o meu tempo
Tentando te dizer
Que tudo é você
Que tudo é você
Que tudo é você

Composição de PeLu e Renato Freixeda

Logo depois vem a música "Tudo bem". Essa é uma música em que eu já fico mais focado porque a letra é muito diferente e ela se repete muito, uma coisa atrás da outra. E as pessoas têm ouvido mais essa música ultimamente. Tenho percebido isso dos últimos shows para cá.

Tudo bem

Sabe aquela festa?
Estar perto do mar
Curtir um pôr do sol
Sem hora pra voltar
Ficar com quem se ama
Sentar e conversar
Poder ficar na cama
Sem hora pra acordar

Tenho todo tempo pra viver
Tenho tanto tempo pra perder

Tudo bem se eu me apaixonar
Tudo bem se eu deixar pra lá
Também, sou tão criança pra correr
E muito adulto pra parar
Pa pa rá rá rá
Pa pa rá rá rá

Tudo bem se eu me apaixonar
Tudo bem se eu deixar pra lá
Também, sou tão criança pra correr
E muito adulto pra parar
Pa pa rá rá rá
Pa pa rá rá rá

Deitar ali na rede
Tocando violão
Com uma ou duas notas
Compor uma canção
Ficar agarradinho
No inverno ou no verão
Poder te dar um beijo
Ganhar seu coração

Tenho todo tempo pra viver
Tenho tanto tempo pra perder

Tudo bem se eu me apaixonar
Tudo bem se eu deixar pra lá

Também, sou tão criança pra correr
E muito adulto pra parar
Pa pa rá rá rá
Pa pa rá rá rá

Tudo bem se eu me apaixonar
Tudo bem se eu deixar pra lá
Também, sou tão criança pra correr
E muito adulto pra parar
Pa pa rá rá rá
Pa pa rá rá rá

Pa pa rá rá rá
Pa pa rá rá rá
Pa pa rá rá rá
Pa pa rá rá rá
Pa pa rá rá rá
Pa pa rá rá rá
Pa pa rá rá rá
Pa pa rá rá rá

Tudo bem se eu me apaixonar
Tudo bem se eu deixar pra lá
Também, sou tão criança pra correr
E muito adulto pra parar
Pa pa rá rá rá
Pa pa rá rá rá

Tudo bem se eu me apaixonar
Tudo bem se eu deixar pra lá
Também, sou tão criança pra correr
E muito adulto pra parar
Pa pa rá rá rá
Pa pa rá rá rá

Composição de PeLu e Renato Freixeda

Depois vem a música "Segredo", em que eu peço um *Hey-Hou*, que é assim: *a gente combinou três Hey-Hous*.

Eu: Hey!

Plateia: Hou!

Eu: Hey!

Plateia: Hou!

Eu: Hey!

Plateia: Hou!

Então fecho com um grande *Hey* e já começo a cantar a música. Eu tenho que ficar muito ligado porque tenho que entrar nesse último *Hey* com o *timing* da banda. Na Arena de Pernambuco isso foi demais porque tinha 7 mil pessoas! O show era num estádio e tava lotado! E quando eu soltava o *Hey* e a plateia respondia... eu sozinho ali no palco... era impressionante! Esse show foi muito legal! E ainda fui para o palco naqueles carrinhos de golfe! Pop star total, né? Quando cheguei já foi uma loucura. Na hora de ir embora, saí correndo pelo gramado pra cumprimentar a plateia. Muito lindo! E a música vai terminando de uma maneira mais calma... só com uma guitarra mais baixinha. E sempre peço pra no final dessa música tirar uma foto com a plateia.

Segredo

Eu te chamei e
Você fingiu que não me viu
Mas a minha foto cê curtiu
Eu queria mais que conversar

Quero te ver
Mais você, e ninguém pode saber
Daquele momento eu e você
Eu prometo que não vou contar

Tudo o que eu faço, tudo o que eu vejo
Tudo o que eu quero é você

Então me deixa ser o seu segredo
E vê se deixa eu te amar sem medo
Eu e você, juntos a sós
Um momento que cê sabe ficar entre nós
Eu e você, juntos a sós
Um momento que cê sabe ficar entre nós

Eu te chamei e
Você fingiu que não me viu
Mas a minha foto cê curtiu
Eu queria mais que conversar
Quero te ver
Mais você, e ninguém pode saber
Daquele momento eu e você
Eu prometo que não vou contar

Tudo o que eu faço, tudo o que eu vejo
Tudo o que eu quero é você

Então me deixa ser o seu segredo
E vê se deixa eu te amar sem medo
Eu e você, juntos a sós
Um momento que cê sabe ficar entre nós
Eu e você, juntos a sós
Um momento que cê sabe ficar entre nós
Tudo o que eu faço
Tudo o que eu quero é você

Então me deixa (então me deixa)
Ser o seu segredo
E vê se deixa, eu te amar sem medo
Eu e você, juntos a sós
Um momento que cê sabe ficar entre nós
Eu e você, juntos a sós
Um momento que cê sabe ficar

Então me deixa ser o seu segredo
E vê se deixa eu te amar sem medo
Eu e você, juntos a sós
Um momento que cê sabe ficar entre nós
Eu e você, juntos a sós
Um momento que cê sabe ficar entre nós

Composição de PeLu e Renato Freixeda

Mesmo o show tendo fotógrafo, tiro uma foto com o meu celular porque às vezes o fotógrafo demora para editar e gosto de postar no dia! Sair do show e postar pras pessoas terem aquela lembrança. Que os fãs saibam que também foi especial pra mim.

Logo que termino de tirar as fotos, todas as luzes se apagam e entra a parte acústica. O show fica mais intimista, canto as três músicas da novela e converso com a plateia pra saber quem acompanhava *Cúmplices*, quem curtia o Joaquim, e começo o *pout-pourri* das músicas da novela. A primeira é "Juntos", depois vem "Fugir agora" e em seguida "Cúmplices". Por fim, vem "Quem sabe", que é a última desse bloco e encerra o *pout-pourri*. Essa é uma música bem calminha que eu e a banda sempre fazemos na passagem de som para testar o violão.

Apesar de o show ter um roteiro que eu sigo, improviso muito conforme a plateia. Às vezes converso muito com o público, entro nuns papos loucos, acho isso bem legal porque fico livre pra improvisar. Eu acho que é isso: o artista faz o show para a plateia, e conforme a resposta do público presente naquele dia fica um supershow. E a energia da plateia dialoga diretamente comigo. Quando a plateia é mais aquecida, o show rola melhor. Quando a plateia é mais tímida, o show vai numa outra sintonia, mais intimista e menos festivo. O show fica animado conforme o público. Como tudo na vida, você dá e recebe em troca.

Você quer ser minha princesa?
E fugir comigo pra qualquer lugar
Se só o que me importa agora
É te amar

Quando acaba a parte acústica, apagam-se todas as luzes, a produção pega todos os banquinhos e eu volto com a música "Princesa".

Nessa música sou só eu e o Fukuma, que é o tecladista. Eu começo a cantar e chamo uma pessoa da plateia. Às vezes eu falo no ouvido do segurança e ele chama a pessoa. Às vezes a gente faz um sorteio com o número da cadeira em que a pessoa está sentada. E em 99% das vezes é uma menina que sobe ao palco. Mas teve uma vez que foi um menino. E aí eu pensei: *E agora, o que é que eu faço? Vou perguntar pra ele se ele quer ser minha princesa? Não dá!* Enquanto ele vinha da plateia, eu fiquei pensando... eu tive uns quinze segundos pra pensar no que ia fazer. Daí quando ele chegou do meu lado, eu falei: *Você vai cantar a música comigo para essas meninas bonitas aí, pra ver se tem alguma princesa pra você, já que você parece ser um galanteador.* E nós cantamos juntos para as meninas uma música que normalmente canto para uma delas em específico, quando ela sobe no palco. Foi uma saia justa que consegui contornar, né? Haha.

Logo em seguida, vem a música "Só dela", que os fãs também cantam bastante e que emendo com "Love yourself", do Justin, que é a música que vem antes da troca de roupa. Nessa hora já tenho que ficar esperto, mesmo ela sendo uma música que vem no automático porque eu gosto muito dela fora do show também.

Só dela

Quando ela passa o coração dispara
Eu mando beijos
Ela nem repara
É tão bonito, todo mundo bate palma
Eu nem consigo mais manter a calma

Os meus amigos dizem
Que é melhor eu relaxar

Mas ela é o ôô da minha canção
É o meu verso e o meu refrão
Hoje é só dela o meu coração

Oô oô o

É o ôô da minha canção
É o meu verso e o meu refrão
Hoje é só dela o meu coração

Oô oô o

Quando ela passa todo mundo para
Eu mando beijos
Ela nem repara
É tão bonito, todo mundo bate palma
Eu nem consigo mais manter a calma

Os meus amigos dizem
Que é melhor eu relaxar
Os meus amigos dizem
Que é melhor deixar pra lá

Mas ela é o ôô da minha canção
É o meu verso e o meu refrão
Hoje é só dela o meu coração

Oô oô o

Composição de PeLu e Renato Freixeda

Tenho que ser rápido porque, em seguida, já visto uma roupa toda branca de couro, calça e casaco. Uma roupa de superstar! É uma troca de roupa que faço voando e tem sempre duas pessoas pra me auxiliar, que geralmente são a minha vó e um segurança ou quem estiver ali por perto. Tem duas roupas iguais porque se acontece alguma coisa, se a roupa suja ou rasga, tem uma de reserva. Só que não sei por que uma entra fácil e a outra demora pra entrar. E não dá pra demorar muito, tem que ser na correria porque o show não pode ficar mais de dois minutos sem música. Mas ainda bem que sempre deu tudo certo e não costumo demorar mais que um minuto e meio pra fazer essa troca. E com essa roupa, subo num pedestal, que é um palco mais alto, e apareço pra plateia.

E aí vem a próxima música: "Quanto mais", que fala sobre redes sociais. É uma música de que eu gosto muito, tem bastante guitarra e é bem animada. Vocês também gostam?

Quanto Mais

A gente mal acabou de postar
E geral já tá falando
Peguei meu celular pra te ligar
Que todo mundo comentando oh, oh

Vocês são mesmo um belo casal
Olha que roupa sensacional
Me segue de volta, eu sou mó legal
Até te dei um like na vida real

E quanto mais, mais, mais eu curto
Mais, mais, mais já dá pra ver
O quanto tempo faz que eu digo
O quanto eu gosto de você

E quanto mais, mais, mais eu curto
Mais, mais, mais já dá pra ver
O quanto tempo faz que eu digo
O quanto eu gosto de você

Abro o Instagram e dá pra ver
Todo mundo tá falando
Cliquei no Facebook
E já foi, tá geral compartilhando

A gente é mesmo um belo casal
O seu look é sensacional
Me segue de volta, eu sou mó legal
Até te dei um like na vida real

E quanto mais, mais, mais eu curto
Mais, mais, mais já dá pra ver
O quanto tempo faz que eu digo
O quanto eu gosto de você

E quanto mais, mais, mais eu curto
Mais, mais, mais já dá pra ver
O quanto tempo faz que eu digo
O quanto eu gosto de você

(Mais, mais, mais eu curto
Mais, mais, mais já dá pra ver
Quanto mais, mais, mais eu curto
Mais eu gosto de você)

E quanto mais, mais, mais eu curto
Mais, mais, mais já dá pra ver
O quanto tempo faz que eu digo
O quanto eu gosto de você

E quanto mais, mais, mais eu curto
Mais, mais, mais já dá pra ver
O quanto tempo faz que eu digo
O quanto eu gosto de você

Composição de PeLu e Renato Freixeda

Depois vem "Certa pra mim". Essa música tem um p*** de um instrumental e é quando agradeço a presença do público e apresento a banda. É muito da hora o show de luzes no momento dessa música. É uma das minhas preferidas, que eu canto supertranquilo, porque foi minha primeira música. E é muito legal ser a última música porque finalizo o show *de buenas*.

Você não sabe co
Você não sabe co

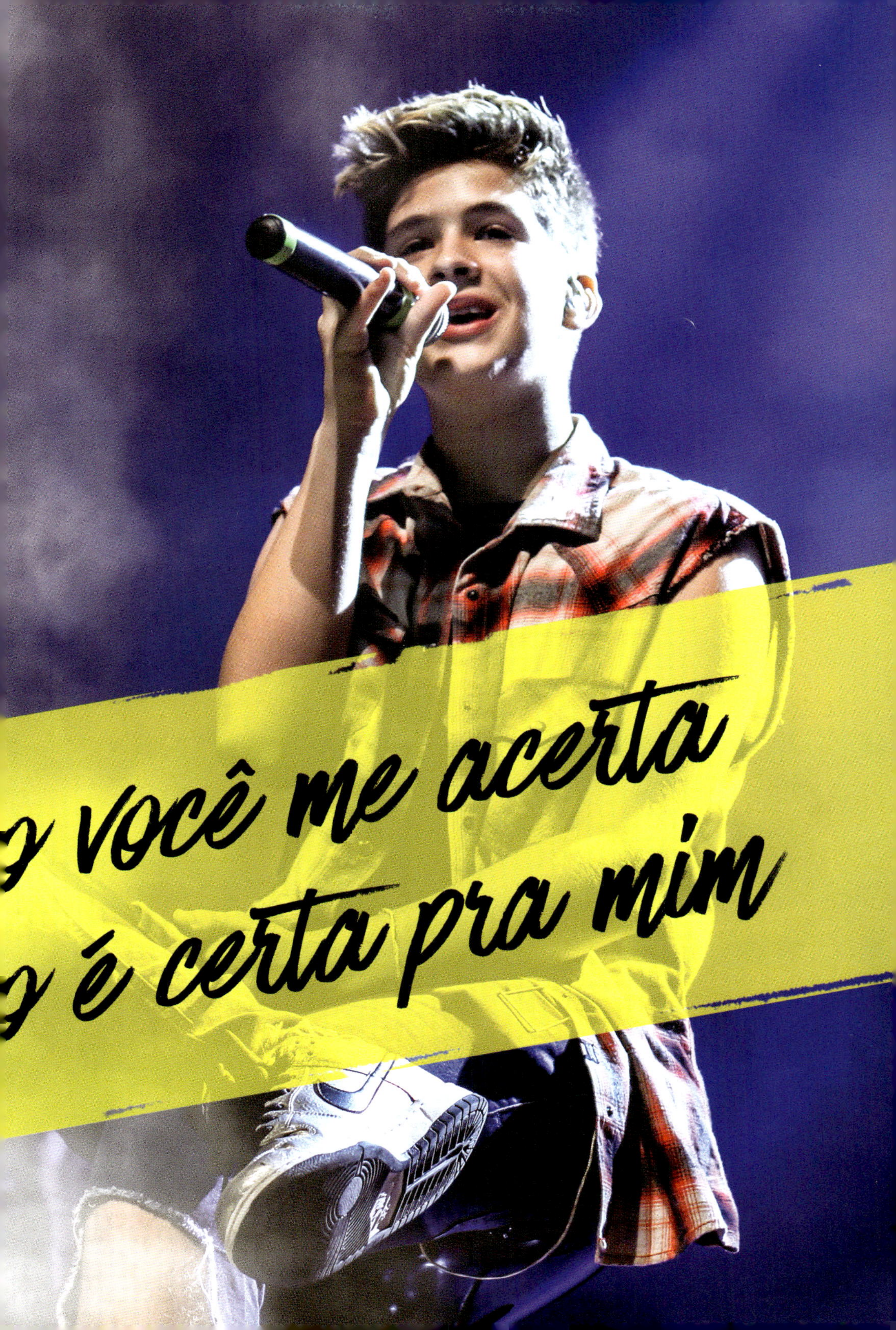
você me acerta
é certa pra mim

Acho que, para uma próxima turnê, tenho que pensar num bis. Mas de um modo geral o show tá incrível, principalmente se eu parar pra pensar que é a minha primeira grande turnê. O pocket serviu bastante para eu crescer como profissional e foi uma escola, um aprendizado. Primeiro, porque a plateia era menor, então ficava mais próxima de mim. Eu ficava cara a cara com o público e não tinha como não passar a minha verdade. Não existe truque no cara a cara. Voz, violão e a plateia. E interagindo com todos.

Eu me lembro do primeiro pocket aqui em São Paulo, no Hotel Meliá. Cheguei nervoso, com um frio na barriga, o medo do que ia rolar, tive até piriri. O legal e ruim de fazer show no Rio e em São Paulo é que eu tenho muitos amigos nessas cidades e eles sempre vão. E isso me deixa mais nervoso: saber que pessoas de que eu gosto, com quem convivo e que fazem parte do meu dia a dia vão estar lá me assistindo. Além disso, tem uma cobrança da crítica maior porque tem uma presença maciça da imprensa e é onde me sinto mais avaliado.

O pocket show era uma coisa bem mais simples do que faço hoje. Eram oito músicas, sendo que dessas apenas três eram minhas. Se pensar na estrutura que eu tenho hoje, com banda, e na estrutura do pocket, era bem mais tranquilo naquela época. Éramos eu e o Renato, dois banquinhos, um violão e um técnico de som. E quando penso em como estava nervoso, me sinto até meio bobo por ser uma apresentação relativamente simples. Mas era um misto de nervosismo e medo de errar. Depois de um tempo perdi esse medo de errar e o único nervosismo que eu tenho hoje em dia é uma ansiedade natural, de fazer parte daquele show, de estar em cima do palco.

E ISSO É UMA COISA QUE NÃO QUERO PERDER NUNCA NA VIDA.

Dando PITACO

Em todos os trabalhos que eu faço, seja vídeo, TV ou música, por mais que exista uma equipe por trás sempre dou palpite. Gosto de deixar clara a minha opinião, e não é diferente com as canções que eu canto. Quem compõe as músicas é o meu tio PeLu e o Renato Freixeda, meu músico.

É engraçado porque o Renato grava em casa... então, às vezes, a audição é meio amadora. Tanto ele quanto meu tio me mandam áudios por WhatsApp e, às vezes, a música chega com a letra errada ou sem melodia. Eu tenho uns vinte áudios dessas primeiras versões que me chegam via Whats. E aí, logo em seguida eles me mandam: "Olha, aqui tá a letra, o que você achou, você curtiu?". E eu já respondi que não, porque é engraçado que quando a música chega muitas vezes não gosto dela de cara, demoro um pouco para me acostumar. Hoje todas as músicas são superfamiliares pra mim e acho que elas se encaixam perfeitamente dentro do meu repertório.

Por exemplo, quando a música "Tudo bem" chegou, a letra era a mais criativa, mas quando ele cantou eu fiquei me perguntando: *Será que essa música é legal?* Daí escutei de novo e de novo. E quando fui para o estúdio gravar eu ainda achava ela estranha. Só depois de gravar e ouvir na minha voz é que comecei a gostar da música, e hoje gosto bastante dela. E é uma das músicas mais cantadas no show. Não tem uma pessoa que não a saiba de cor nos shows: pai, mãe... **TODO MUNDO CANTA.**

A "Blá, blá, blá" é outro exemplo de mudança de impressão. Gostei da música quando ouvi pela primeira vez, mas não amei. Hoje gosto muito mais dela ao vivo que na gravação. Porque ao vivo tem a energia da banda, da guitarra... Essa coisa de estúdio e ao vivo faz com que a música mude muito. A minha preferida do CD é "Só dela", e no show a minha preferida é "Certa pra mim". Qual é a música preferida de vocês?

Meu UNIVERSO

A maioria das minhas músicas fala de **AMOR**. De dez músicas, oito falam de amor. As únicas que abordam outro tema são "Meu caminho", que é a que abre o show, e fala de coragem, de determinação, de seguir em frente mesmo com os tropeços da vida, e "Quanto mais", que fala de redes sociais. E em todas essas músicas românticas, celebro o amor feliz; as exceções são "Quem sabe", que é um amor cheio de dúvidas, indeciso, e "Tudo bem", que não fala do amor propriamente dito, mas do sentimento de liberdade e de se fazer o que gosta, mas tudo bem se apaixonar também. As outras sete são músicas de um amor mais bem resolvido, em que eu estou com a garota e a encho de elogios. As minhas músicas falam para a minha geração, para as pessoas da minha idade. Em geral tento falar para um público que vai bastante ao show e me acompanha nas redes sociais, meninas de 12 a 15 anos. O tema do amor ou da paixão se encaixa muito comigo. Não gosto de música sofrida, pra baixo. Até a Marília Mendonça, que canta música de sofrência, canta de uma maneira animada!

REFERÊNCIAS

Se eu pudesse escolher algumas pessoas pra gravar uma música ou dividir o palco comigo, eu penso em alguns artistas... O Justin Bieber, por exemplo, é um grande cantor e não tem uma música dele que não seja viral no mundo inteiro. Então é claro que se pudesse chamar alguém chamaria ele, mesmo sendo clichê, já que todo mundo ama o cara! Ele é um ótimo músico e tem bom gosto pra música.

Outro cara que eu queria muito conhecer e cantar com ele é o Shawn Mendes. Ele canta muito e faz um imenso sucesso e tem só 18 anos. E o legal é que eu o conheço desde antes de ele fazer sucesso. Já ouvia ele fazendo cover de outros artistas porque eu o seguia no Instagram... ele tinha 100 mil seguidores e hoje tá com 19 milhões. Ele vai vir fazer show no Rock in Rio e eu vou, com certeza.

Eu adoraria gravar um álbum com o Shawn Mendes ou com o Zayn, que foi o primeiro integrante a sair do One Direction. Eu nem prestava muita atenção nele quando ele tava no One Direction, mas hoje o vejo cantando e ele arrebenta, canta muito! Ele alcança uma nota quando tá cantando que é muito alta. Não é uma tarefa fácil alcançar aquela nota!

Gosto muito do Bruno Mars também como artista porque ele é completo. Ele toca todos os instrumentos, canta de todas as maneiras, dança e é todo estiloso! Ele é um gênio, cheio de personalidade.

TRANSPIRAÇÃO

Sempre que a gente começa um trabalho novo tem bastante ensaio. Antes da Megatour começar, a gente fez uns dez ensaios gerais. Mas depois da estreia, o melhor ensaio é a prática. Estar ali no palco ao vivo e mesmo assim sentir que tem algo que falta, que não está legal, que precisa corrigir, isso a gente sente na hora em que o show tá rolando e vai levando para os próximos para melhorar. Na Megatour foi bem tranquilo. Ainda bem que tive uma boa recepção do público e não houve nenhum grande contratempo. A passagem de som é sempre muito importante pra aquecer a voz e se familiarizar com o palco.

FÃS, PANE NO SISTEMA, SONECA & ESTRANHAS APARIÇÕES

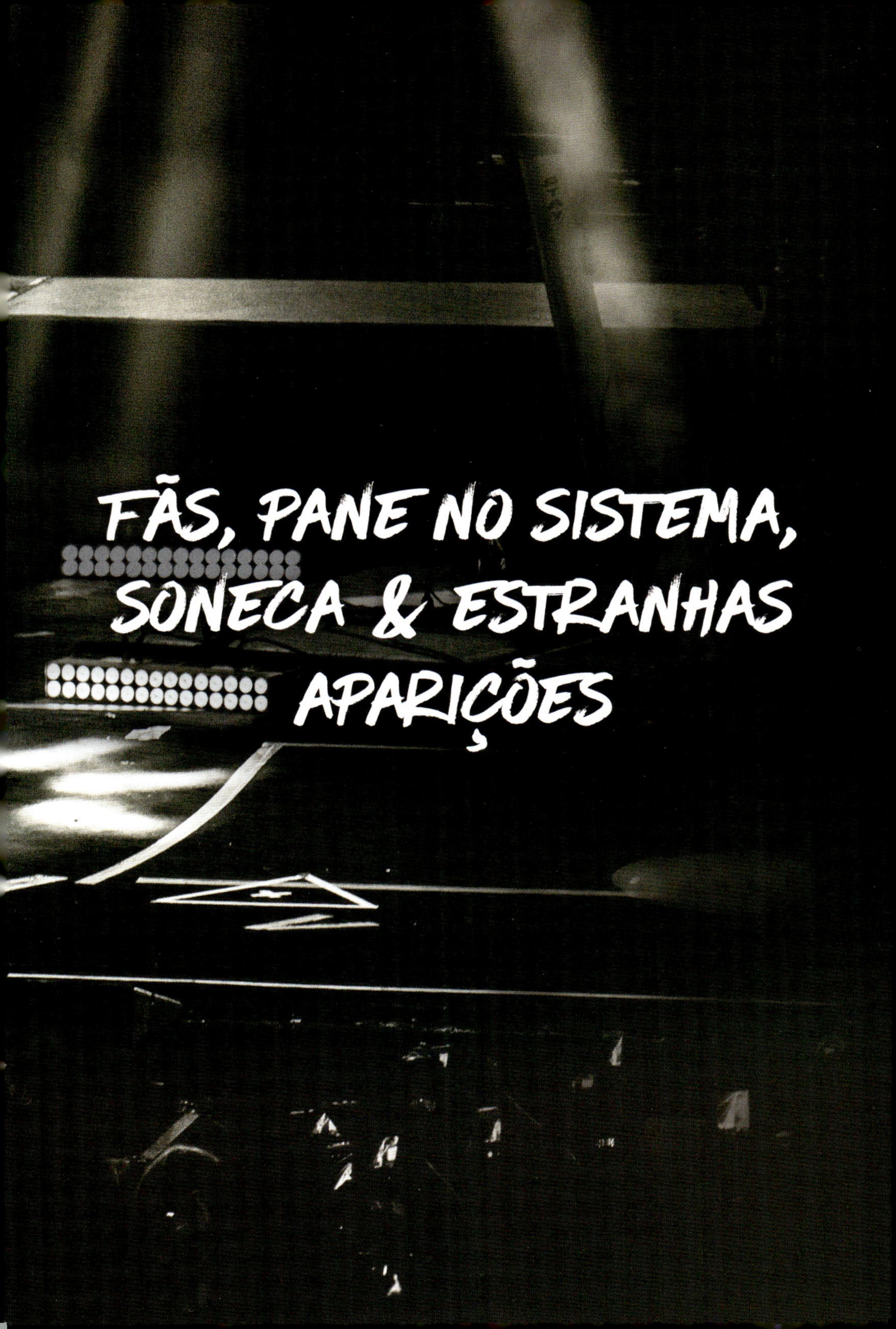

Uma vez uma mãe levou a filha no meu show. Ela era uma mãe bem jovem com uma filha pequena. Mas era a mãe e não a filha que queria me ver. Ela se pendurou no meu pescoço de um jeito que eu não sabia o que fazer. Então comecei a dizer: *Vamos tirar uma foto com a sua filha*. E ela respondia: **AH, MAS EU AMO VOCÊ!**

Muitas mães fazem isso. Elas chegam no meu show e falam *Eu amo tanto você* e já emendam com outras histórias. São mulheres adultas, mas essa em especial foi muito engraçada porque ela não deixava a filha tirar a foto. A filha dela estava lá, toda tímida, e ela do lado, me agarrando e não me largava mais. Todo mundo ficou parado, olhando. Normalmente, a produção pede licença para as mães, de uma maneira delicada, mas algumas saem do eixo, ficam emocionadas e me agarram.

No penúltimo show da turnê, em São Paulo, aconteceu uma coisa inusitada. Os fãs sempre levam muitos presentes e costumam me entregar na hora do *Meet and greet.* Bombons, balas, doces são as coisas que eu ganho geralmente. Daí no último show uma fã levou um bombom e atirou no palco. Eu vi o bombom vindo na minha direção em câmera lenta. **E ADIVINHA O QUE ACONTECEU?** Ela acertou bem nas minhas zonas baixas, se é que você me entende, haha. E começou a doer! Mas começou a doer muito, aquela dor que vai subindo para o estômago. E aí comecei a viajar, pensando na dor que estava sentindo e na letra da música. Foi muito bizarro porque ela só queria me presentear e acabou acertando bem ali, onde não devia acertar. Eu acho que nem se quisesse ela teria acertado ali. São coisas que acontecem uma vez na vida, pelo menos eu espero. Por favor, não tentem fazer isso!

Outra vez, uma menina em Fortaleza me agarrou na rua. Ela agarrou no meu pescoço e quase me deu um beijo. Ela grudou em mim. Foi uma coisa muito surpreendente, que ninguém esperava. Nos shows, já fico meio alerta, principalmente na hora das fotos, porque sempre acontece uma surpresinha ou outra e já fico esperando. Agora, ali, naquele momento, eu tinha ido jantar com os músicos, o pessoal da produção e a minha avó. E dentro do restaurante estava tudo tranquilo, mas quando saí... ela grudou em mim como uma abelha gruda numa flor, e eu levei um susto!

Essas coisas acontecem porque acho que existe o encanto do ídolo. As fãs não acreditam quando me veem pessoalmente e muitas não conseguem perceber que eu sou uma pessoa comum. Essa coisa de colocar um ídolo no pedestal... elas não imaginam que sou de carne e osso igual a elas. É difícil para elas me tirarem do pedestal; normalmente elas querem que eu fique lá, e quando chegam perto ficam sem saber como agir e se perguntam: *E agora?* É uma mistura de emoção e satisfação. Tem crianças que não querem me tocar, porque não conseguem acreditar que estou perto delas. Ficam tão travadas que eu tenho que ir até elas para tirar a foto. Então eu grito: *Vem cá me dar um abraço!*

Na Megatour uso o *in ear*, que é um fone de ouvido profissional. Através dele eu ouço os instrumentos. Peço: aumenta a guitarra, e a guitarra fica mais alta. *Deixa o teclado mais alto, abaixa minha voz*. Dessa forma, escuto tudo o que eu quero, mas escuto só isso porque não tem retorno. E se o *in ear* para de tocar, fico surdo, pois, além de eu não ouvir nada, porque estou com esses dois fones que criam uma espécie de barreira à prova de som, então é como se eu estivesse com o dedo no ouvido. Deu pra entender?

Às vezes o *in ear* para sozinho. Teve uma vez em que eu estava cantando e era o momento da troca de roupa que faço no show, e é uma troca de roupa bem rápida. Nessa hora me embaracei, bati a mão no microfone e arranquei o cabo. Só vi as pilhas caindo no chão. E então comecei a cantar sem escutar nada! A sorte é que era a última música que canto no show. E justamente a última música do show é a primeira música que eu cantei profissionalmente, então a sei de cor e salteado e continuei cantando sem escutar nada. E só percebia que estava cantando certo porque acompanhava a leitura labial da plateia. É tenso e engraçado ao mesmo tempo porque não tem muito o que fazer. E só eu e os músicos sabemos o que está acontecendo naquele momento, a plateia não fica sabendo.

REPLAY

Nos pocket shows, pelo fato de serem shows menores, aconteciam coisas muito engraçadas. Teve uma vez em que eu não me contive e comecei a rir muito. Era um show superanimado, as meninas da plateia tavam gritando e chorando e um cara na plateia, dormindo. Não era uma simples soneca! O cara tava roncando! Ele devia ser pai ou avô de alguém que estava ali. De vez em quando ele acordava com a gritaria, olhava ao redor e voltava a dormir. Eu olhava para o Renato, meu músico, e a gente não conseguia parar de rir.

Teve uma outra vez em que vi um "espírito". Eu tava fazendo um pocket show num hotel e aí vi no fundo do auditório um negócio que nunca tinha visto: comprido, alto, que usava uma máscara... parecia aquelas máscaras chinesas. Olhei para aquela imagem e comecei a viajar. Hoje seria mais fácil fazer um show nesse estilo, acho que faria com um pé nas costas. Mas naquele dia, quando vi esse negócio, me deu um branco na música, confundi a letra... porque fiquei pensando no que podia ser aquilo. Era um negócio alto, feio, distorcido! O Renato falou que não viu! Mas eu vi! Ficou cinco segundos parado e sumiu. E quando olhei de novo não estava mais lá. Foi tenso!

Numa outra apresentação, na primeira vez que eu fui para Manaus, estávamos numa van que estava estacionando. E a van começou a balançar, ficando só sobre duas rodas, e me perguntei assustado: *Gente, o que é que está acontecendo? Se esta van cair vai machucar no mínimo umas cinco crianças que estão do lado dela!* Quando percebi, era uma pequena multidão que tinha nos cercado e queria nos tocar a qualquer custo, entrar na van, tirar fotos. Só que eles começaram a empurrar tanto a van que tive a impressão de que ela iria tombar a qualquer hora. E aquele barulho de todo mundo batendo no vidro. Fiquei assustado e preocupado que aquilo pudesse machucar alguém.

Os fãs têm reações imprevisíveis. Às vezes ficam na frente do ídolo e não fazem nada, ficam sem ar. Outras vezes querem tirar um pedaço. Já teve um evento em que uma fã quis tirar uma mecha do meu cabelo. Ela virou para mim e perguntou: *Posso tirar um chumacinho do seu cabelo?* Nessa hora eu pensei: *Pelo menos ela perguntou* e senti um alívio por ela já não ter metido a tesoura direto. Mas fui simpático e perguntei pra ela: *Você gostaria que fizessem isso com você?* Porque eu acho que tem isso, toda relação tem que passar pelo respeito. E a relação fã-ídolo não é diferente.

Teve uma vez durante a turnê que eu tava numa pousada e alguém começou a bater na porta às 4h da manhã. Eu tava dormindo e não levantei porque estava muito sonolento e achei que era sonho. Só que a minha avó estava dormindo no mesmo quarto que eu e levantou para ver quem era. Ela não chegou a abrir a porta e perguntou: *Quem é? O que é que você quer?* Porque ela pensou que podia ser alguma fã, já que não tinha seguranças no portão. Uma pessoa da rua que entrasse iria direto para o quarto. No fim das contas, era um hóspede que errou de porta porque tava bêbado. Mas ele acabou entrando no quarto do Luís, o produtor, que tinha esquecido de passar a chave. O Luís acordou assustado e começou a gritar: *O que foi, maluco?*

E nessa mesma noite apareceu uma menina que fugiu de casa para assistir ao show. A menina não era de Aracaju, a cidade onde o show tinha acontecido, era de uma cidade vizinha que ficava a cinco horas de distância. E ela pegou ônibus, táxi, carona e nem avisou pros pais! Ela saiu de madrugada e foi parar na pousada. Eu não sei nem como ela sabia onde eu estava. A mãe já tinha avisado a polícia da cidade dela e a menina estava lá! Não façam isso, por favor.

Na ESTRADA

Pocket shows

20-12-2015. SÃO PAULO

Esse foi o meu primeiro show. Lembro que tive muitos dias de ensaio e que estava muito nervoso! Acho que foi um dos shows em que eu fiquei mais nervoso porque foi o meu primeiro show, onde tive o primeiro contato mais forte com os meus fãs. Mas, apesar de estar muito nervoso, tive muita preparação. Foi no Hotel Meliá, na Paulista. Deu tudo certo, foi uma energia maravilhosa! Foi nesse momento que comecei a gostar mesmo de estar no palco, de cantar. Depois do show, saí para comemorar com os meus amigos e nós fomos no show do Fly! Nunca mais vou esquecer.

17-01-2016 . CAMPINAS

Campinas foi o segundo show e foi muito especial porque, além de ser a continuação do primeiro show que eu tanto gostei de fazer, tenho família em Campinas – a família do meu padrasto é de lá –, e sempre que tem família na plateia fico um pouco mais nervoso, mas sinto uma energia incrível.

31-01-2016 . RIBEIRÃO PRETO

O público que começou tímido no final se mostrou com uma superenergia e foi se soltando. Um show que jamais irei esquecer.

14-02-2016 . FORTALEZA

Lembro que Fortaleza foi o primeiro show em uma cidade distante de onde moro, o primeiro em que tivemos que pegar um voo. E eu não sabia como ia ser a recepção porque não tinha feito um show solo lá ainda. Tinha feito um evento para o SBT no Beach Park, mas o pessoal se mostrou animadíssimo e fiquei muito feliz!

06-03-2016 . RIO DE JANEIRO

No show do Rio de Janeiro aconteceu uma coisa interessante: fiz amizade com algumas fãs. Elas estavam no mesmo hotel em que eu também estava hospedado e acabei encontrando com elas na piscina. Foi muito legal! Acho que a plateia carioca é muito solta e extrovertida, e isso é incrível.

20-03-2016 . SÃO PAULO

Voltei a cantar em São Paulo e foi uma maravilha! A energia do público é sempre contagiante e o show já estava com uma estrutura um pouco maior. Aconteceu uma coisa inusitada nesse show: um pouco antes de entrar no palco, tropecei numa escada e quase caí no chão. Passado o susto, tudo deu certo.

17-04-2016 . GOIÂNIA

Goiânia foi bom demais porque fiquei na casa do meu pai! Inclusive fui um dia antes pra ficar com as minhas irmãs. Tinha bastante gente no show, e toda a minha família também estava lá. Durante o show ganhei um boné maneiro que eu gostei demais! É sempre bom ir pra Goiânia e rever a minha família. Além do mais, o público de lá é sempre carinhoso e atencioso.

24-04-2016 . BRASÍLIA

Em Brasília eu cheguei e me assustei porque é uma cidade planejada. Não é que eles fizeram do lugar uma cidade toda certinha?! É tudo quadradinho, tudo encaixadinho. Sempre me confundo com os nomes das ruas, mas lembro da carinha de cada pessoa que esteve no show.

08-05-2016 . PORTO ALEGRE

Foi a primeira vez que eu fui para o Sul para fazer show, então foi um momento muito importante e inesquecível! E o público de lá cantava todas as músicas de cor.

15-05-2016 . SOROCABA

Sorocaba foi muito legal porque eu pude reencontrar um dos meus melhores amigos de infância, que foi morar lá e gosto muito dele. E ele foi no meu show! É uma cidade muito próxima de São Paulo. Sem contar que a plateia cantou o tempo todo.

29-05-2016 . NATAL

Natal foi um dos shows mais bonitos que fiz porque, além de ter bastante gente, o lugar do show era muito grande e a vista, maravilhosa! Ter aquela vista para olhar enquanto descansava no camarim foi incrível!

Megatour JG:

14-08-2016 . BELO HORIZONTE

Beagá foi uma energia muito forte pelo fato de ter sido o primeiro show da Megatour. Então foi ali onde tive a primeira resposta depois de tanto tempo de ensaio, depois de ter produzido as músicas da turnê. Eu estava com o coração na mão. Estreia é estreia, né? A gente nunca sabe se vai dar certo ou errado, o que vai acontecer, se teria alguma coisa pra ajustar, se o público iria gostar. Mas quando eu pisei no palco, senti uma energia imensa. Foi ótimo rever os fãs de Beagá, alguns que eu já tinha visto outras vezes em outros eventos na cidade. Eu nunca vou esquecer daquela energia do primeiro show, da primeira vez que eu pisei num palco profissionalmente como o cantor da Megatour com a minha banda.

03-09-2016 . RECIFE

Recife é um lugar que eu já visitei muitas vezes. Eu amo de paixão essa cidade! Um dos lugares mais bonitos em que já fiz show! Uma energia muito intensa no segundo show. Acho que é uma energia do Nordeste, das pessoas de lá, que são muito calorosas, cantam e gritam o tempo todo. Eu ainda estava inebriado e foi como fazer uma continuação do primeiro, ainda estava com o coração na mão. Minha única queixa é que eu queria ter mais tempo para ter ido à praia, haha.

12-11-2016 . PORTO ALEGRE

Porto Alegre no Pepsi on Stage! Maneiro demais! Foi *toperson*! Tava com energia a todo pique pra mais um show! E eu amo as churrascarias de lá também!

JG
RECON EVENTOS

13-11-2016 . NOVO HAMBURGO

O público da cidade foi muito receptivo! Teve até uma fã que me seguiu de carro até o hotel e depois foi até o aeroporto, quase invadindo o embarque!

26-11-2016 . FORTALEZA

Fortaleza é um lugar que eu amo, só que fico muito bravo toda vez que vou pra lá porque eu não consigo visitar o Beach Park. Tenho muita vontade de ir pras praias também, mas nunca dá tempo. É um lugar maravilhoso, as fãs são muito alegres e presentes e eu sempre tenho vontade de voltar lá.

10-12-2016 . MANAUS

Manaus foi um show delicioso porque, além de estar voltando a um lugar aonde eu já tinha ido com amigos, pude conhecer melhor a cidade, que é uma das mais legais do planeta! Ali eu dei um passeio de barco, comi formiga, fui até o encontro das águas do rio Negro com o Solimões, vi botos cor-de-rosa. Eu também visitei uma tribo indígena. Tudo isso foi muito marcante porque abriu meus olhos para um mundo diferente!

18-12-2016 . CURITIBA

Foi muito gostoso passar por Curitiba! Foi o encerramento de 2016 e foi na Ópera de Arame, um lugar maravilhoso, que eu amei conhecer! E o pessoal do Sul é sempre muito presente e animado. Eu tava muito nervoso justamente por ser o último show do ano, e foi o primeiro show que eu fiz à luz do dia num lugar aberto.

14-01-2017 . MACEIÓ

Maceió é um lugar de que eu gosto muito desde criança. Amigos do meu pai têm casa lá, então eu já fui algumas vezes. E foi o primeiro show de 2017! Eu tava um pouco mais nervoso porque tinha acabado de voltar e era o show de abertura do ano, mas deu tudo certo e o show foi maravilhoso!

15-01-2017 . JOÃO PESSOA

Nunca tinha ido antes a João Pessoa, e era um dos lugares que eu morria de vontade de conhecer, já que minha avó e meus amigos tinham me falado muito da cidade, que é linda. Infelizmente, não consegui passear muito pela cidade, mas eu tenho certeza de que um dia eu volto lá só pra isso, pra curtir. O público é muito animado, e como eu não tinha ido lá antes não sabia disso, mas o show foi uma maravilha!

21-01-2017 . SÃO PAULO

São Paulo, o lugar que eu amo de paixão. O lugar em que eu nasci e cresci, onde estão as pessoas que eu amo, tanto do trabalho quanto da minha vida pessoal. Eu me preparei bastante pra esse show, ensaiei muito porque era um show muito importante pra mim. Foi num lugar muito legal, o Teatro Bradesco, e eu revi muitas fãs que eu sempre encontro nos eventos que faço em São Paulo e redondezas, fãs que eu conheço há bastante tempo, que me acompanham desde o início da minha carreira. São Paulo é um lugar muito marcante pra mim, os shows que eu faço aqui sempre são muito importantes.

22-01-2017 . RIO DE JANEIRO

O Rio é um lugar onde eu tenho bastante fãs, mas infelizmente eu nunca tinha ido fazer um show grande lá, só o pocket. Foi uma maravilha ter ido pra lá, um lugar onde eu tenho muitos amigos que foram me prestigiar. Isso é muito gostoso, você ver que tem amigos na plateia. O show foi muito legal, a plateia estava com muita energia. Foi o último show da Megatour, no Teatro Bradesco do Rio, então eu estava num misto de tensão e melancolia porque era a despedida. Mas fechamos a turnê com chave de ouro.

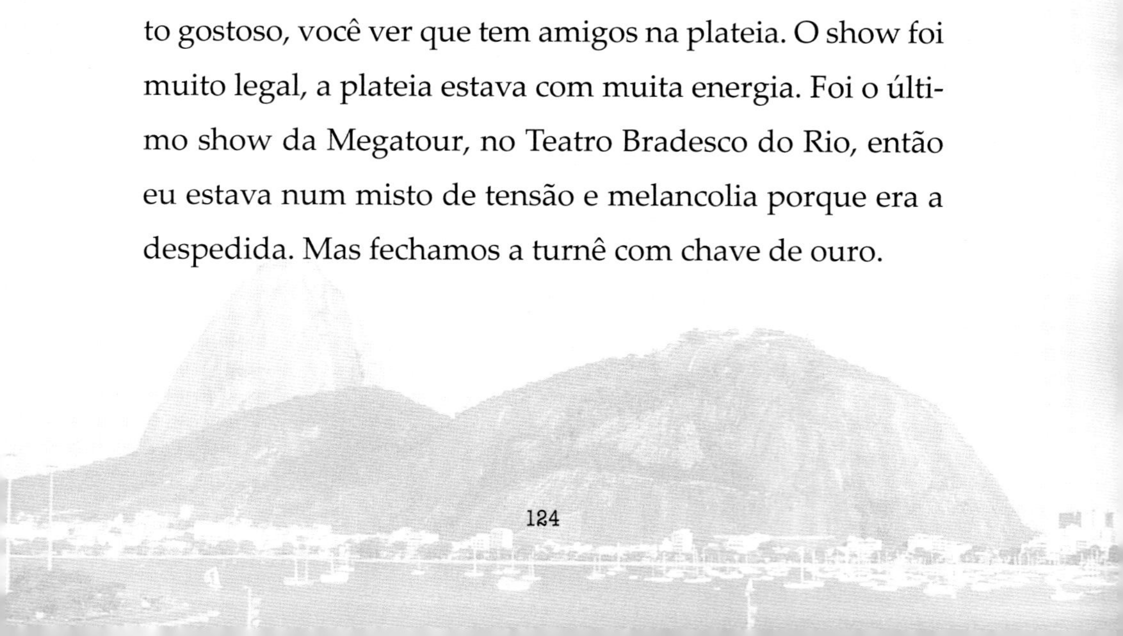

t Tour

26
datas realizadas
em 7 meses
26
cidades
Equipe de
6
pessoas
+ de
80 HORAS
de estrada
+ de
12 MIL
abraços e fotos
+ de
39.000 KM
rodados no total

+ de 12 MIL pessoas presentes
+ de 50 HORAS de voo
12 estados
+ de 12 MIL kits com CD e pôster autografados entregues
+ de 6 MIL produtos exclusivos vendidos na loja física nos shows

Meg

tour

13
datas realizadas
em 4 meses
13
cidades
11
estados
Equipe de
17
pessoas
+ de
22.000 KM
rodados no total
+ de
45 HORAS
de estrada

+ de
54 HORAS
de voo
+ de
18 MIL
pessoas presentes
+ de
4 MIL
abraços e fotos
+ de
4 MIL
kits com CD e pôster
autografados entregues
+ de
8 MIL
produtos exclusivos vendidos
na loja física nos shows

Com a palavra, OS MÚSICOS...

Pelu: Quando me vi percebendo que o Gui precisava cantar, eu me perguntei: *como ele vai fazer isso?* Ele estava fazendo uma novela infantil, mas ao mesmo tempo não era mais criança e nem se atraía tanto mais pela temática infantil. Por outro lado, não dava para fazer músicas para um público muito mais velho porque esse público também não iria acompanhar. Então, num primeiro momento, foi um desafio achar uma linha que cantasse a verdade do Gui. A primeira música que eu compus foi "Princesa". Essa eu fiz sozinho. É uma música que nasceu quando eu pensei no Gui, no esforço que ele tem em querer ser o *bad boy*, mas que no fundo é um garoto ingênuo, com um coração enorme, carinhoso, que gosta de abraçar e beijar as pessoas. Ele é um cara de chamego, mesmo negando isso agora, nessa fase da adolescência. Mas ele é muito mais romântico do que um cara pegador. "Princesa", a primeira música que eu fiz pro Gui, nasce como uma balada. Eu acho que a balada é um estilo musical que está no meio do caminho, aquele estilo que agrada a todo mundo, tanto que a música virou tema do casal principal da novela *Cúmplices de um resgate*. E até hoje as crianças e adolescentes se identificam com a letra justamente por ela ser um achado desse lugar que é um pouco adolescente e um pouco infantil. Bem... aí depois da primeira música que tinha ido superbem, entrado na novela, eu precisava fazer pro Gui um EP, que é um CD com menos músicas. E aí entrou uma outra música que não foi composta por mim e pelo Renato, "Certa pra mim", que também é uma balada, mas com uma pegada mais eletrônica, próxima do universo do Gui, na linha do Justin Bieber, da Selena Gomez. A molecada se identificou e a música pegou! Neste momento, eu percebi que nós tínhamos um caminho mais claro, de pegar temáticas adolescentes, mas com roupagens menos infantis. Os temas das músicas do Gui são bem adolescentes, e alguns pré-adolescentes. Mas o grande lance que não deixa nem o disco nem o show infantil foi a roupagem que nós encontramos para as músicas.

Renato: O Gui estava exatamente naquele ponto em que a gente precisava encontrar o caminho dele, da transição da infância para a adolescência. Ele estava com 13 anos, iria completar 14... Aquele momento em que você fala: *Putz! Ele não é mais um bebê, mas ainda está longe dos 20!* E a gente precisava encontrar essa roupagem e os temas para essa idade. "Princesa" e "Certa pra mim" foram o momento em que a gente testou essa nova fase e elas deram supercerto, então a gente decidiu permanecer nesse caminho.

Pelu: Eu e o Renato somos amigos há muito tempo, ele é músico há muitos anos. No fim de 2014, ele estava terminando a faculdade de direito e eu, precisando de um músico para tocar com o Gui. E eu sempre trabalhei com um outro músico, mas teve uma data em que eu precisaria dele e ele não poderia estar presente. Aí um dia, tava eu e o Renato, na minha casa, conversando, eu virei pra ele e disse: *Cara, você conhece alguém pra tocar violão com o Gui?* O Renato é um baita músico, mas até então ele nunca tinha se declarado como músico.

Renato: Eu tinha me formado em 2014, já tinha abandonado o direito, mas tava meio perdido na vida, sem saber o que fazer...

Pelu: Daí ele falou: *Pô! Eu posso tocar com o Gui!* E eu respondi: *Cara! É verdade! Nunca pensei! Vamos fazer um teste!* E ele fez o teste que foi o primeiro pocket show do Gui, no dia 20 de dezembro de 2015. Tinha só essas duas músicas inéditas, "Princesa" e "Certa pra mim". O resto eram covers. Nesse momento ele já criou um vínculo com o Gui e foi legal porque eles começaram a viajar juntos pros pocket shows. Em janeiro teve alguns pockets, em fevereiro também. E isso foi muito importante porque o Renato começou a entender os dilemas que o Gui tava vivendo e começou a observar a forma como ele falava, o que ele fazia... Como eu não viajava com eles, o Renato acabou tendo uma maior proximidade com ele nesse período de estrada que foi muito legal. Aí, um dia nós estávamos conversando e eu falei: *Meu, preciso compor mais músicas para o Gui! E eu preciso de um parceiro de composição!* E ele me respondeu: *Vamos tentar fazer alguma coisa, sentar e ver o que é que sai.* E aí saiu a primeira música que nós compusemos juntos, "Tudo é você", que do disco é de longe a música mais conhecida do João, virou clipe e depois também entrou na novela.

Renato: E a gente fez dentro dessa lógica, com referência nas músicas que o Gui gosta de ouvir e na linguagem que ele quer passar. Eu lembro do PeLu falar: *Cara, a coisa mais universal que tem no mundo é reggae. Se você ouvir diversas músicas, vai perceber que elas foram compostas como reggae e depois pegaram uma roupagem diferente ou já foram pensadas diretamente como reggae.* Eu concordei, e a música foi composta inicialmente como um reggae. E no estúdio, quando a gente chegou pra gravar, acabamos concluindo que não poderíamos gravar a música como um reggae

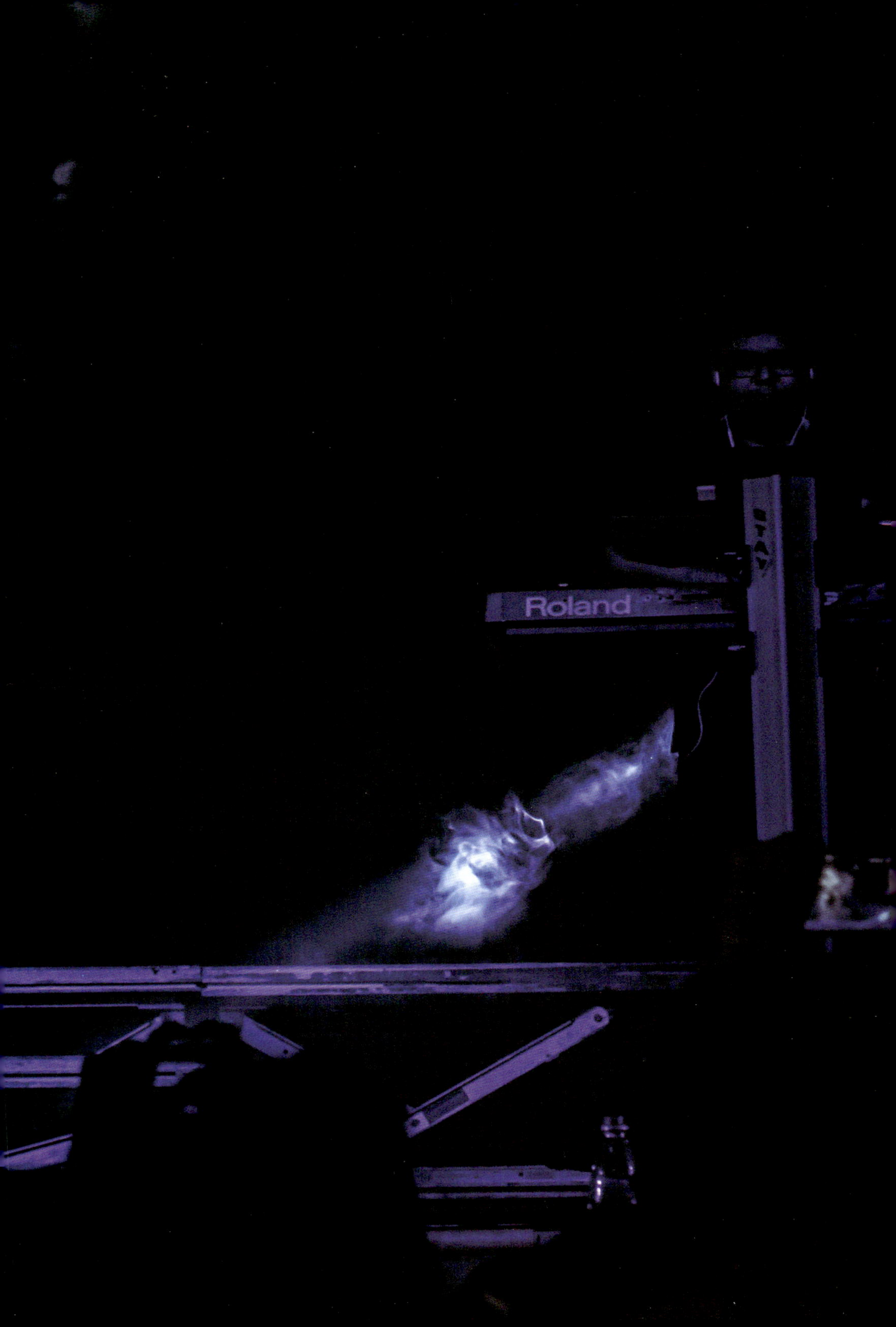
Roland

porque a gente já tocava "Cabelos de algodão", que era um reggae... e foi ali que a gente bolou a ideia de tocá-la numa batida mais folk. E funcionou!

Pelu: Nós entendemos que havia um sistema que funcionava, que era trabalhar com temas, só que nós não estamos vivendo isso porque não somos mais adolescentes. Nós, como compositores, sempre temos duas opções: ou contamos a história de alguém ou contamos a nossa história. Como não podemos contar a nossa história porque faz parte de um universo muito diferente, então começamos a pegar alguns temas a partir da convivência com o João. Primeiro namoro, término, as paixões, a escola, as questões de ser adolescente e não saber o que vai fazer, a questão dele ser famoso num momento tão jovem... Isso está presente em todas as músicas! Esse disco foi composto, produzido e finalizado em três semanas, que era o tempo que tínhamos porque o Gui gravava a novela. Então ele teve férias da escola em julho e começou a se preparar para a turnê, mas para se preparar para a turnê ele precisava ter um repertório. No mesmo momento em que nós finalizamos as composições, ele entrou em estúdio e começou a ensaiar com a banda.

Renato: A banda não conheceu as músicas gravadas, só as pré-gravações das músicas. Eu cifrei e nós começamos a ensaiar antes de as músicas estarem plenamente finalizadas. Depois a gente fez "Quem sabe", uma balada que é voz e violão.

Pelu: Era uma ordem assim: primeiro "Princesa", que era uma balada; depois uma música rápida, que era "Certa pra mim"; e em seguida um reggae, que é um ritmo universal. Se você observar, essa é uma premissa de um monte de artistas pops. E depois que lança um reggae você lança uma nova balada, voz e violão ou voz e piano. One Direction foi assim. Justin Bieber foi assim. Taylor Swift foi assim. Todos os discos pops, se você observar a ordem, são assim. Com a carreira do Gui funcionando, eu decidi que nós precisávamos lançar um disco em agosto e que ele sairia em turnê. Então nós precisávamos preparar uma banda, mas para ter uma banda precisava ter repertório. E para ter a turnê precisava ter um disco. E o Gui não tinha tempo algum! Tinha só domingo, e domingo ele estava viajando com os pockets! Então nós aproveitamos que em julho ele não tinha escola... foram três semanas exatamente! Na primeira semana, nós sentamos todos os dias, de segunda a sexta, e compusemos sete músicas.

Renato: No fim das contas, acabamos fazendo um esquema que, por mais que estivéssemos com pressa, quando nos encontrávamos pra compor era bem tranquilão... não ficávamos nos pressionando e falando coisas do tipo: *tem que sair essa música hoje!*

Peju: Essa foi uma parte de que o Guilherme participou muito, aprovando as histórias. A gente já tinha feito essas quatro músicas e ele tinha gostado. Só que a gente sempre manda tudo pra ele e pergunta: *O que você acha dessa letra? Tem a ver?* E várias coisas ali, ele dava um retorno do tipo: *Putz! Eu acho que isso aqui eu não falaria dessa forma!*

Renato: Ele sempre opina muito... Com "Tudo é você" e "Quem sabe", as viagens estavam acontecendo, ele chegou pra mim e disse: *Fala lá com o meu tio pra vocês fazerem uma música dançante.* "Blá, blá, blá" surgiu disso, de ele virar pra mim e dizer: *Estou sentindo falta disso aí.* "Meu caminho" foi a última música que a gente compôs e foi meio que por vontade de fazer um *roquinho.* É a única música rock do CD. E a gente também fez porque rolava uma vontade de falar da trajetória do Gui, tanto que essa música acabou nomeando a turnê, porque ela fala de

sonhos, de conseguir chegar a um lugar que você deseja. Por isso, ela acabou abrindo o CD e o show. E a gente acabou dando essa pegada pro arranjo da música, essa *cara de abertura de show*, ela é animada e a introdução dela funciona muito bem para o começo do show.

Peju: A questão principal do "Meu caminho" é que esse tema é batido, mas ao mesmo tempo é muito presente. É a história do Gui, a história de um moleque que sonhou com uma história e conseguiu realizá-la. Desde os 6 anos que ele quis ser ator. Ele que quis fazer a novela, não foi uma imposição da mãe. Ele que quis cantar! Então ele é um moleque que sonhou chegar num lugar e chegou! Um lugar de sucesso, de reconhecimento, de fazer shows... A letra fala disso e, ao mesmo tempo, diz que isso é só o começo dessa história.

Renato: A gente também pensou na ideia de fazer uma música agradável. Daí surgiu "Tudo bem", uma música que leva as pessoas a lugares e situações que as agradem. A gente fala de coisas pra cima, como festa, mar, tocar violão, rede, beijos, ficar na cama. E o refrão reforça muito essa ideia quando passa a mensagem de que eu posso fazer o que eu quiser contanto que isso me deixe bem. E ela tem uma frase de que eu gosto muito: *Sou tão criança pra correr e muito adulto pra parar.* É uma frase que conversa muito com o Gui, um menino que já viveu muita coisa, mas ao mesmo tempo só tem 15 anos!

Pelu: Novamente a gente só pegou uma questão que é do Gui e escreveu uma letra que ele poderia ter assinado, porque é um questionamento muito autoral dele. É uma mensagem para a molecada da geração dele. *Tudo bem* vocês se apaixonarem hoje, afinal de contas vocês só têm 15 anos! Depois veio "Segredo"... No meio desse processo eu comecei a buscar outras pessoas pra colaborar porque como era um processo em que a gente fazia tudo muito rápido era fácil cair na repetição. Daí, como eu sou muito próximo do Trio Yeah, um dia eu virei pra eles e falei: *A gente tá compondo pro Gui.* E eles me responderam: *Ah, a gente tem alguns materiais aqui.* Eles mandaram e eu não gostei, mas disse que ia estar em casa, que se eles quisessem poderiam passar lá e a gente faria alguma coisa. Só que eles fazem um som mais voltado pra um rap mais pop, que é uma linguagem que eu e o Renato não falamos muito bem, mas que o Gui gosta pra caramba. Em "Segredo" eles escreveram o verso e deram uma rítmica de rap, uma intenção que talvez a gente não teria. E aí tem a ponte e o refrão que são cantados.

Renato: Outra música bem legal do CD é "Só dela".

Peju: É verdade... e ela foi feita de uma maneira mais técnica. A gente pensou num tema de amor. Nós já tínhamos falado de amor em várias músicas; não especificamente sobre um casal, mas a gente sabia que mais cedo ou mais tarde o casal teria de aparecer. Então a gente pegou como referência uma música do Ivo Mozart, que o Gui gostava de cantar e inclusive cantou nos shows do pocket, "Quer um beijo meu", em que ele fazia o som do beijo enquanto cantava. E é superlegal essa coisa da onomatopeia, porque cria uma identificação com a criança e, ao mesmo tempo, fica fofa para o adolescente. E "Só dela" é cheia de onomatopeias! Uma outra música que tem uma história engraçada é "Quanto mais", porque era pra essa música ser um jingle de propaganda. Eu recebi uma encomenda para uma campanha de celular e a empresa tava fazendo um orçamento e me perguntou se o Gui não topava cantar uma música. O comercial acabou não rolando, mas a música já tinha sido feita e é uma música que fala diretamente com o Gui, que é a coisa do celular, do Instagram... E a música foi feita na época em que ele ainda namorava, e falava dessa questão do quanto devia ser difícil para os dois esse lance da vigilância 24h que acontece na internet. A letra fala: *A gente mal acaba de postar e geral já* tá *falando/Peguei meu celular pra te ligar, todo mundo comentando/Vocês são mesmo um belo casal, olha que roupa sensacional...* A música toda tem os bordões das mídias sociais que é o *Me segue de volta, Me dá um like...* Essa parte da composição foi muito rápida. Depois veio o segundo momento, que era a produção. Foi um mês muito maluco. A estreia já estava marcada, então eu precisava colocar em dia a data de lançamento do disco, que geralmente acontece trinta dias antes da estreia do show.

Renato: Mas no fim tudo acabou dando certo... Acho que o Gui é um cara espetacular. Tem vários elementos que transformaram essa minha experiência numa coisa bem sobrenatural. Eu já tinha tocado na noite, mas o meu primeiro trabalho de músico real foi com o Gui. A primeira vez que eu toquei num pocket show dele foi o maior show de que eu já tinha participado até então. E foi legal esse reencontro com o PeLu, a gente chegou até a brincar: *Pô, a gente nunca tinha escrito uma música juntos!* E quando eu conheci o Gui... o moleque é incrível, muito

gente boa! Quando eu penso no Gui no primeiro show, lembro do nervosismo, do medo de errar o tom, um pouco de falta de experiência com excesso de vontade. Mas ele foi se amoldando e melhorando numa velocidade absurda. Em três meses ele já estava com todas as arestas aparadas! Ele já estava solto no palco, e improvisava... Quando chegou o momento de ir pro estúdio, ele gravou oito músicas em doze dias! Pra você ver o nível do cara! Depois foi a vez de ensaiar com a banda, uma experiência nova... e os caras da banda são todos mais velhos, de 26 a 36 anos, alguns tocando desde muito cedo. E o Gui não se intimidou, ele chegava nos ensaios e falava: *Beleza, vamo aí.* A gente só tentava passar uma tranquilidade para ele: *Treina um pouquinho, erra.* Mas duas semanas depois ele já estava se soltando e no terceiro ou quarto show ele já tinha um completo domínio de palco, pulava, brincava com o tecladista, jogava para a plateia! Isso me impressionou muito, porque além de ser uma pessoa incrível ele se mostrou um profissional de uma competência invejável. Imagina que isso tudo estava acontecendo enquanto ele gravava oito horas por dia! Ver tudo isso de perto foi bem emocionante, assim como compor prum cara de quem eu gosto pessoalmente. Pra mim tem sido uma experiência muito gratificante porque, além de ter ficado amigo do

Gui, eu tenho ganhado uma p*** experiência profissional, compondo, tocando e vivendo coisas muito marcantes durante essa turnê. Eu lembro de quando a gente chegou em Manaus. Eu já tava abismado porque ia tocar lá... a gente chegou na cidade às 2h da manhã. Sempre tem fãs esperando ele no aeroporto, mas eu pensei que nesse horário não ia ter ninguém. Acho que foi a vez que teve mais gente esperando ele no aeroporto. E ele é sempre muito legal com as pessoas, fala com todo mundo, tira foto com todo mundo. Eu me lembro que ele tava lá conversando com as fãs e eu tava esperando a van que ia levar a gente pro hotel. Enquanto esperava, decidi ir até um estande de uma sorveteria e pedir um milk-shake, mas não tinha ninguém. Eu pensei que era uma coisa natural, que às 2h manhã não iria ter ninguém mesmo vendendo sorvete. Então eu saí e fui andando em direção ao Gui... quando eu fui chegando mais perto, eu vi os dois caras com uniforme da sorveteria tirando fotos com o Gui. Eles fecharam o estande pra ir lá tirar foto com ele!

Pelu: Acho que todo esse reconhecimento que o Gui tem hoje é fruto do trabalho e da disciplina dele, fruto de uma observação de como as coisas aconteciam também comigo na época da Restart. Muitas pessoas começaram a tocar guitarra ou a se interessar por música ou, de repente, foram montar uma banda, muitos adolescentes e pré-adolescentes, por causa da Restart. Então, imagina essa influência maximizada pelo fato de que ele tinha isso dentro de casa, o tempo inteiro! Ele foi a muitos shows, viu a gente gravar nosso primeiro CD, viu a gente fazer sucesso, viu a gente viajando... Muitas vezes a gente ficava um bom tempo sem se ver, mas ele sabia que eu estava viajando. Então, todas essas referências, nessa fase de idade, 9, 10 anos, são muito marcantes. Desde o fato do tio ir buscá-lo na escola e isso causar um frisson, passando pelos programas de TV, pelas roupas que a gente usava... é uma série de identificações que, para ele, quando criança, foi muito legal!

Eu acho que uma das coisas que faz o meu trabalho funcionar com o Gui é o fato de ele ter essa admiração por mim, não só como tio, mas como o cara de uma banda de que ele gostava. Ele me escuta muito, tanto que os direcionamentos que eu fui apontando no disco sempre foram muito bem recebidos porque ele confia bastante em mim. Eu sempre entendi que essa evolução dele viria. E vai continuar vindo, sem pressa. Ele vai viver muitos momentos de sucesso, como também momentos de calmaria. A no-

joaoguilherme
Megatour JG

joaoguilherme
Megatour JG

joaoguilherme
Megatour JG

vela acabou faz alguns meses e desde então ele não tem parado um segundo! Tudo isso faz parte de uma construção, de entender que o Gui é um menino de 15 anos e já passa por muitas pressões. Imagina que, dentre todas as coisas que ele faz, ele ainda tem que passar de ano!

João Guilherme por Fábio Fukuma, tecladista:

Eu comecei a tocar com o João no final de junho de 2016, quando fui convidado pelo Pedro Lucas. Os ensaios começaram em julho. Não houve teste, foi um convite. Fui convidado na quarta. Na sexta já houve uma reunião e eu comecei a ensaiar na segunda. Não conhecia o João Guilherme e me chamou bastante atenção a quantidade de crianças que ele atraía e continua atraindo, um público já estabelecido. No começo, isso me causou muita ansiedade. Eu toco já há muito tempo, mas para esse tipo de público ainda não tinha tocado, e isso me gerou bastante inquietação. Eu encarei como um desafio.

Mesmo tendo um estilo um pouco diferente do João, pra mim foi de boa tocar com ele. Tive as dificuldades normais no início porque eu não conhecia as músicas e foi tudo muito rápido. Eu me adaptei porque gosto do estilo de música dele, pop romântico. E a essência do João e das pessoas que estão na banda é muito bacana. A molecada da banda, o João Guilherme... rolam aquela química e interação nos ensaios de fazer uma massa sonora e não apenas uma reprodução. Música, acima de tudo, é tocar as pessoas. Por isso eu não tenho problemas em tocar os mais diferentes estilos contanto que todos estejam no mesmo barco, compartilhando os mesmos sentimentos.

O comprometimento do João é uma coisa que me chamou muito a atenção. No início dos ensaios ele ainda estava gravando a novela. Então, muitas vezes, chegava correndo. Noutras, ele saía mais cedo para sessões de fotos. Ele tem muita disciplina. Ele e toda a equipe e familiares que o cercam, a avó Tereza, o tio Pedro Lucas e a mãe, Naira. Ele tem muita vontade de estar ali no palco e tem a sorte de ter a família que dá todo o suporte para isso acontecer. E você vê a evolução dele na carreira musical. O João tem dom, tem sensibilidade, tem presença de palco. Isso tudo já muito desenvolvido para um menino de 15 anos! Ele demonstra

muita segurança com plateias grandes, 2 mil, 3 mil pessoas. Eu toco desde os meus 17 anos, quase 20 anos de palco, e ainda tremo ao subir no palco, e pro João também não é diferente, mas eu vejo que a cada vez ele está mais solto, interagindo e se comunicando melhor. Além disso, ele é muito atencioso e acolhedor com a banda, mesmo convivendo pouco porque ele está sempre atarefado. Mas existe uma troca muito bacana, sobretudo durante os shows, com gestos ou olhares.

João Guilherme por Leandro Neko, baterista:

Eu entrei para a banda logo na sua formação inicial. Desde o primeiro ensaio eu já faço parte. O PeLu estava procurando os músicos para montar a banda e chamou o Alexandre, baixista, pra tocar. O baterista que ia tocar teve de assumir um outro compromisso e o PeLu queria algumas indicações e, como eu tenho uma banda com o Alexandre que chama Tópaz, o Alexandre me indicou. Então o PeLu me procurou e me chamou pra fazer uns ensaios.

Tocar com o João Guilherme é bem diferente. Eu fui chamado pra tocar bateria e fui por gostar muito, mas eu ainda não conhecia o estilo dele. E a experiência tem sido muito boa. Foi legal pra caramba conhecer o João, trabalhar com a equipe e a banda que se formou. Tudo deu muito certo durante a turnê, mas obviamente houve adaptações porque o meu estilo de tocar acaba ficando um pouco diferente, já que é uma banda que dá suporte para um cantor solo. São experiências bem diferentes: ser músico contratado e tocar numa banda de rock alternativa. O meu papel é dar suporte para o João Guilherme fazer o show. Na minha banda, eu chego num horário mais próximo do show. Com o João Guilherme, a banda chega antes para a montagem de palco e acaba trabalhando em outras coisas.

E com relação ao estilo de música, eu sendo mais alternativo e o João Guilherme fazendo uma música mais acessível, eu acho isso muito legal porque é um desafio tocar o meu instrumento em diferentes estilos. Eu curto estar na estrada, viajando, tendo essa convivência com o João, que é uma pessoa muito legal.

Foi bem notória a evolução do João Guilherme durante os shows. Obviamente ele já possui uma bagagem de artista, já fez filmes e novela e tem uma agenda bem corrida de compromissos profissionais, mas essa história de tocar com a banda, por mais que ele fizesse um acústico, muda muito a relação do show e a própria relação dele com o público. O timing do show ao vivo é completamente diferente do timing da TV ou do cinema. E eu percebi que o João foi cada vez mais pegando esse timing. Quando eu paro para pensar do primeiro show que a gente fez para o último no Teatro Bradesco no Rio, eu vejo que ele mudou muito, de como interagir com a plateia, conseguindo levar a galera com ele para onde ele quisesse ir. Eu lembro que no quarto ou quinto show, ele já estava totalmente seguro no palco. E com o entrosamento, as coisas vão ficando mais naturais. A gente só se olha no palco e já sabe o que fazer. E isso só com o tempo para acontecer.

Desde o início dos ensaios, eu percebi que o João era muito afinado. Mas sempre muito aplicado, estudando bastante, com o fonoaudiólogo do lado. Ele sempre mandou superbem desde o primeiro show. É impressionante o carisma dele. Em todos os aeroportos e hotéis em que a gente chega, sempre tem um monte de fãs esperando por ele. Nos hotéis, às vezes, alta madrugada, 2h da manhã, tem fãs gritando o nome dele. Em algumas ocasiões, o show tinha acabado tarde da noite e as crianças continuaram gritando até as 2h da manhã.

A música do show que eu acho mais legal é a "Blá, blá, blá". Ela tem um ritmo mais dançante. Durante os ensaios, o meu processo foi um pouco diferente. O baixista e o tecladista seguiam à risca as músicas da maneira como elas eram executadas no disco. Só que a maioria das baterias no disco é eletrônica, e eu ia tocar bateria acústica. Então isso fez com que as músicas no show mudassem bastante. Durante os ensaios eu, junto à produção musical do show, mudei bastante coisas ali na hora. Várias músicas acabaram ganhando outras versões. "Tudo bem" era meio dance meio pop music e virou um reggae. A própria "Blá, blá, blá" era uma música mais pop music e virou uma música mais pop rock. Pra mim, como baterista, muitas músicas mudaram bastante e a gente criava durante os ensaios.

João é um guri muito do bem, brother, sempre disposto a fazer tudo. Agora que eu convivo com ele, deu pra perceber que ele trabalha de verdade, que o que ele tem é fruto do trabalho. Ele tá sempre de bom humor, sempre felizão. Em vários hotéis nós tomamos banho de piscina juntos e trocamos mil ideias. Durante as passagens de som, a gente sempre fica um tempo conversando. Nós conversamos pouco sobre música, talvez porque a gente tenha uma diferença de idade considerável e, por isso, temos gostos bem diferentes. Eu tenho 29 e ele, 15. Ele ouve muita coisa diferente de mim, mas a gente conversa muito sobre roupa, Disney, seriados e Harry Potter.

João Guilherme por Alexandre Nickel, baixista:

Foi totalmente inusitado o convite para tocar com o João Guilherme. Eu toco numa banda de rock chamada Tópaz e não estava acostumado a tocar para um público mais jovem, adolescentes e pré-adolescentes. Mas acabou rolando porque eu e o PeLu, tio e empresário do João, temos alguns amigos em comum e eu fiquei sabendo que ele estava procurando alguém pra tocar baixo na turnê do JG. E como eu ia passar um ano gravando o disco novo e estava com a agenda tranquila nos finais de semana, fui trocar uma ideia com ele, que me falou do projeto e eu topei.

A grande diferença entre ser um músico do Tópaz e tocar com o João é não estar no protagonismo. Na turnê, eu sou o baixista e toco um instrumento que é uma ferramenta para o João, eu penso em como as minhas habilidades vão fazer com que ele tenha o melhor rendimento. Musicalmente é diferente, mas o lance da banda, de estar entre amigos, viajando para lugares legais, é muito parecido com o que eu já faço há anos... o clima da banda é muito parecido com o que eu já vivo, todo mundo da banda se dá muito bem!

O Gui tem um carisma incrível! Antes de trabalhar com ele, eu não tinha essa percepção... não tinha noção de que iria chegar em Manaus ou Recife e encontrar os teatros lotados. Não só os teatros, mas os aeroportos e as calçadas dos hotéis! O cara tem fã-clubes em todo o Brasil! E ele alimenta isso de uma maneira muito legal, ele é bem interativo e atencioso. Ele conversa e dá uma superatenção pro público depois dos shows. Nem todos os artistas são assim. Muitos apenas cumprem uma agen-

da profissional e não querem estar lá. O João claramente quer estar lá!

É muito visível a evolução do Gui como artista e como intérprete, como o frontman da parada! Ele tem uma preparação e uma estrutura para se sentir bem, como aula de canto, por exemplo, mas foi o primeiro show dele com banda. Ele nunca tinha tido essa experiência antes da turnê. E é aí que eu percebo a evolução dele, de um garoto que nunca tinha cantado com banda, só shows com voz e violão, até um show com uma megaestrutura, com telão e outros efeitos, com climas e um roteiro com viradas. Talvez nem ele perceba essa evolução, talvez ele só assimile isso quando tiver um tempo para parar e respirar, porque ele tem uma rotina muito insana. Além dos shows, ele é ator, aparece em programas de TV, grava campanhas, grava o programa dele pro YouTube... O Gui é muito dedicado e eu acho que ele vai obter sucesso em qualquer coisa que ele escolher. Se amanhã ele decidir ser um apresentador, o novo Luciano Huck, ele vai ser ótimo nisso. Se ele decidir que quer ser o Johnny Depp do Brasil, ele também vai conseguir! Ele é muito centrado e humilde e tem uma percepção muito clara de que ainda tem muito a conquistar e a aprender.

João Guilherme por Estéfano, produtor:

Eu sou proprietário da Multiprodutora, empresa que realiza vários pocket shows de outros artistas. Quando eu conheci o PeLu, nós tivemos a ideia de realizar os pocket shows com o João Guilherme, que ainda não tinha realizado nenhum show. Tinha somente um vídeo em que ele cantava que já estava no YouTube. O primeiro show do pocket, no dia 20 de dezembro de 2015, no Hotel Meliá em São Paulo, contou com aproximadamente 300 pessoas. Era um formato bem intimista. Além da apresentação musical, o Gui tirava foto com todas as pessoas da plateia, além de presenteá-las com um kit autografado que incluía um CD. O primeiro show deu muito certo, então nós decidimos rodar com esse show o Brasil inteiro. Nós fizemos todos os shows aos domingos porque era o único dia que o Gui tinha disponível, já que durante a semana ele tinha as gravações da novela no SBT e a escola. Nesse meio-tempo, a carreira de cantor do João cresceu paralela à carreira dele na TV e de YouTuber, e isso deu margem pra uma evolução natural da Pocket Tour para a Megatour. Nós sentimos que era hora de subir um degrau, de criar uma banda e buscar fazer shows para um público maior, em espaços onde coubessem, no mínimo, 2 mil pessoas. O João se apresentou com o pocket até junho de 2016. Em agosto, ele começou a Megatour, que foi até janeiro de 2017, com encerramento no Teatro Bradesco do Rio de Janeiro com ingressos esgotados.

Com a Pocket Tour, nós não tínhamos muita dimensão do potencial do João. Acho que ele próprio não tinha essa dimensão. Quando começou com os pockets, ele ainda carregava uma certa timidez, a presença de palco ainda estava surgindo. Mas como houve um número muito grande de pockets, ele foi evoluindo na prática, e eu fui percebendo essa evolução tanto no palco quanto na relação com os fãs. E hoje eu percebo o João totalmente diferente, muito mais solto no palco, no relacionamento com o público.

A estrutura dos pockets era muito pequena. A equipe totalizava seis pessoas. Na Megatour, já eram dezessete. No pocket, nós viajávamos aos domingos e voltávamos aos domingos. Na Megatour, já era uma estrutura diferenciada, com banda, com equipe técnica. Foi na Megatour que a gente conseguiu dar um destaque maior para ele no palco, com uma banda, com cenário.

Mas para chegar nesse patamar ele teve que começar com uma estrutura menor, na qual aprendeu fazendo. Também foi importante começar com um show menor para o próprio Gui se perguntar se era isso mesmo que ele queria fazer. Olhando por esse prisma, a Megatour foi a consolidação da carreira dele como cantor, foi quando ele disse: *Eu quero cantar, eu quero falar para um público maior.* E a percepção do público foi quase que imediata, de 300 para 1,5 mil, 2 mil pessoas, sendo que nós tivemos apenas um mês entre uma turnê e outra para montar a estrutura e o João ensaiar e voltar para a estrada. Eu acredito que o João conseguiu mostrar através da Megatour que, além de ter um papel na novela e ser de uma família conhecida, ele também sabe cantar, ele também tem boas músicas.

...e os FÃS

LETICIA BASTOS
RIO DE JANEIRO-RJ

Conheci o João no dia 6 de março, quando ele fez o pocket show em Niterói. Foi ótimo, nem existia a Megatour ainda... Aí no dia 22 de janeiro eu fui na Megatour... Meu Deus, foi tão maravilhoso, eu me senti tão bem, sabe? O show foi animal! Cantei muito! Aí chegou a hora do *Meet* e eu o abracei! Eu só sei que fiquei tão feliz, não consigo descrever... Eu sou a fã que deu pro João o colar que ele estava usando. Ele falou que achava que era uma asa, mas é a metade de um coração, e a outra metade está comigo... Essa foi a minha experiência na Megatour, eu amei muito!

MOHANA, 14 ANOS
SÃO PAULO-SP

Gosto de imaginar que nada é por acaso. As pessoas saem e entram na sua vida por algum motivo, seja ele bom ou ruim, e você ter entrado na minha vida foi com certeza o melhor que poderia acontecer. João, você é aquela pessoa que mesmo com um dia ruim faz questão de tornar o dos outros melhor, aquela pessoa que consegue me arrancar um sorriso quando mais ninguém consegue. Ter ido à sua Megatour em São Paulo foi uma honra enorme. Estar presente em mais uma vitória sua foi maravilhoso. Fiquei na primeira fileira, pude pegar sua mão e ouvir de pertinho você cantando. Me emocionei quando você entrou no palco, pois ver o brilho no seu olhar e a felicidade por estar com seus fãs foi maravilhoso. Meu coração acelerou quando você cantou "Juntos" no violão, foi uma parte bem emocionante, pois éramos só nós. Você e o violão eram uma energia linda. Todos cantando juntos e com a luz dos celulares ligada foi de arrepiar. Minha música predileta é "Quem sabe". Uma batida tão linda e uma letra mais ainda!

MARIA JULIA PARISE, 11 ANOS
SÃO JOSÉ DO RIO PRETO - SP

O dia 19 de junho de 2016 foi um dos melhores dias da minha vida – muito especial e inesquecível – e ganhei um dos presentes mais incríveis de aniversário. Me emocionei muito, chorei. Fiz questão de esperar o João no aeroporto e, claro, consegui tirar fotos com ele, com a Naira, mãe dele, e o fofo do Pietro, irmãozinho dele. Também fui uma das primeiras a chegar no hotel onde seria realizado o show, para pegar um dos melhores lugares. O show foi simplesmente incrível, assim como eu imaginava. O João estava lindo, cantou lindamente e, como sempre, foi muito atencioso e simpático com todos. Eu amo tudo que o João faz, porém a música mais especial nesse dia foi "Princesa", porque era como se ele estivesse cantando para mim, já que meu sonho é um dia ser a princesa do João. Nesse dia, para completar ainda mais a minha felicidade, no final do show eu comprei uma almofada, um copo roxo e o estojo do João e tirei foto com ele, que estava lindo. O dia 19 de junho de 2016 com certeza vai ficar marcado na história da minha vida como o dia em que conheci meu maior ídolo e cantei, gritei, dancei, tirei fotos, ri e chorei de emoção. E essa emoção foi tanta que criei um fã-clube pro João, o @joaogui_sempre. João, obrigada por existir, sou sua fã, te amo. Por favor, realiza meu sonho, quero ser sua princesa.

Nova FASE

ELA
JOÃOGUI

OLHA
QUEM VOLTOU
João Guilherme

João Guilherme
O
QUE
EU

Ela

Ela anda sem se preocupar
Ela é dela e de qualquer lugar
Ela dança sem saber dançar
Ela faz o meu mundo girar

Todo dia ela quer viver
Na balada até o amanhecer
Ela é linda quase sem querer
Com seu jeito menina de ser

Ela é você, ela é você
Ela é você, ela é você-ê

Ela é você, ela é você
Ela é você, ela é você-ê

Ela é você, ela é você
Ela é você, ela é você-ê

Ela é você, ela é você
Ela é você, ela é você-ê

E eu tô com ela então tá bom
(Risadinha embaixo do edredom)
Se fizer barulho aumenta o som
(Ela dá a letra, eu o som)

Ela anda sem se preocupar
Ela é dela e de qualquer lugar
Ela dança sem saber dançar
Ela faz o meu mundo girar

Todo dia ela quer viver
Na balada até o amanhecer
Ela é linda quase sem querer
Com seu jeito menina de ser

Ela é você, ela é você
Ela é você, ela é você-ê

Ela é você, ela é você
Ela é você, ela é você-ê

Ela é você, ela é você
Ela é você, ela é você-ê

Ela é você, ela é você
Ela é você, ela é você-ê

Na na na
Na na na (5x)

Composição de PeLu e Renato Freixeda

Olha quem voltou

Olha quem voltou
Olha quem voltou

Cheguei
Já chamei atenção
Ela me conhece, mas finge que não

Eu cheguei
Já chamei atenção
Eu roubei a cena e foi a intenção

Porque eu posso
Cê sabe que eu posso
E é assim que eu gosto
Então deixa eu te contar

Olha quem voltou
Olha quem voltou
Olha quem voltou
Olha quem voltou

Eu sei que vão falar
Deixa eu te contar

Que eu cheguei
Já chamei atenção
Ela me conhece, mas finge que não

Eu cheguei
Já chamei atenção
Eu roubei a cena e foi a intenção

Porque eu posso
Você sabe que eu posso
E é assim que eu gosto
Então deixa eu te contar

Olha quem voltou
Olha quem voltou
Olha quem voltou
Olha quem voltou

Porque eu posso
Você sabe que eu posso
E é assim que eu gosto
Então deixa eu te contar

Olha quem voltou
Olha quem voltou
Olha quem voltou
Olha quem voltou

Composição de PeLu e Renato Freixeda

O que eu sempre quis

Deixa pra lá
O que passou
Eu e você
Só começou
Me deixa ser
O meu melhor
Quero saber
Você de cor
E se a gente esquecesse tudo o que ficou
pra trás?
E se você me quiser
Saiba que eu te quero mais
Por que entre tanta gente foi você que
me conquistou e fez esquecer tudo até
aqui?
É que foi você que me abriu os olhos e
sem querer
Fez o que ninguém mais pode fazer
O que eu sempre quis
Você é o que eu sempre quis

Composição de PeLu e Renato Freixeda

Este é só
o começo de
uma longa
jornada...

Organização de texto: Ricardo Sil
Preparação: Fernanda França
Revisão: Clara Diament e Laura Vecchioli
Projeto gráfico e diagramação: Vitor Gentil
Imagens de miolo: Guigo Moreira - Fotógrafo/Videomaker (email: guigo.vu@gmail.com; Instagram: @ guigom): págs. 5, 9, 10, 16, 17, 30, 39, 40, 41, 73, 82, 83, 92, 93, 101, 103, 104, 130, 131, 132, 133, 134, 135, 144, 145, 166, 167, 172, 183, 184.
Stéfano Loscalzo – Fotógrafo/Videomaker (email: stloscalzo@gmail.com; Instagram: stefanoloscalzo): págs. 6, 7, 15, 22, 23, 34, 35, 42, 43, 67, 68, 70, 76, 77, 78, 79, 84, 85, 87, 88, 91, 95, 96, 97, 108, 109, 111, 114, 117, 120, 125, 136, 137, 140, 141, 149, 154, 155, 159, 162, 163, 176, 177, 181, 188, 189.
Luiz Ipolito – Fotógrafo/Videomaker (email: luizipolito@estudio.fot.br; Instagram: @luizipolito); Assistente: David Nascimento: págs. 25, 26, 29, 47, 49, 52, 55, 57, 58, 61, 99, 128.
Arquivo pessoal cedido pela família: págs. 12, 19, 62, 187.
Styling: Arlindo Grund
Maquiagem/cabelo: Juliana Fraga
Capa: Luiz Sanches Junior
Fotografias de capa: Luiz Ipolito e Stéfano Loscalzo

CIP-BRASIL. CATALOGAÇÃO NA PUBLICAÇÃO
SINDICATO NACIONAL DOS EDITORES DE LIVROS, RJ

Q75n

Guilherme, João
João Guilherme na estrada: o segredo da turnê, os bastidores das canções e tudo o que você queria saber / Guilherme, João / 1. ed. - São Paulo: Planeta, 2017.

ISBN 978-85-422-1071-2

1.Memórias 2.Carreira I. Título.

17-42691 CDD: 927.92
CDU: 133.9

2017

EDITORA PLANETA DO BRASIL LTDA.
Rua Padre João Manuel, 100 - 21º andar
Edifício Horsa II - Cerqueira César
01411-000 — São Paulo — SP
www.planetadelivros.com.br
atendimento@editoraplaneta.com.br

Este livro foi composto em Palatino Linotype e
Have Heart One e impresso pela RR Donnelley para a
Editora Planeta do Brasil em julho de 2017.